Helga Gürtler
Glückliche Dreckspatzen

Inhalt

I. Einleitung

Warum ich dieses Buch geschrieben habe

Dieses Buch ist ein Plädoyer für eine körperfreundliche Erziehung. Leider betrachten viele Menschen ihren Körper wie ein Objekt, das ihnen fremd ist, mit dem sie unzufrieden sind und das sie beherrschen müssen. Viele Probleme und Störungen werden durch diese Haltung verursacht, die in der Erziehung und der gelernten Einstellung zum eigenen Körper ihre Wurzeln hat.

In diesem Buch wird es um eine ganzheitliche Erziehung gehen, die Körper, Seele und Geist als Einheit begreift, die eines so wichtig nimmt wie das andere, die nicht das eine bevorzugt und dabei das andere vernachlässigt. Eine Erziehung, die den heranwachsenden Kindern ermöglicht, sich so wie sie sind, mit allem, was zu ihnen gehört, wohl und »richtig« zu fühlen.

Viele Menschen schämen sich ihres Körpers, weil er den gängigen Normen nicht entspricht, weil er ihnen zu dick, zu faltig oder zu unproportioniert erscheint, nicht gut genug funktioniert oder nicht gut genug riecht. Schon ganz junge Mädchen grämen sich über zu dicke Beine, einen zu breiten Po oder zu wenig Busen, und Jungen über zu wenig Muskeln oder einen zu schmalen Brustkorb. So bekämpfen viele ihren Körper mit Diäten, benutzen ständig Deodorants und Kosmetik, schinden sich in Fitness-Studios oder legen sich sogar unters Messer. Immer mehr Jugendliche, vor allem Mädchen, entwickeln Essstörungen, weil sie Schönheitsidealen nachlaufen, die Mode und Werbung ihnen vorgeben, die aber mit der Realität nichts zu tun haben. Oder weil sie darauf fixiert sind, ihren Körper jederzeit unter Kontrolle zu haben und seine spontanen Gelüste abzuwehren. Sie alle betrachten ihren Körper als ihren Feind, den man bekämpfen und kasteien muss, oder als Material, das man nach bestimmten Normen verändern und formen kann.

Vielen ist ihr Körper fremd. Sie verstehen ihn nicht. Sie wissen und spüren nicht, wie er funktioniert, wie alle Vorgänge fein aufeinander abgestimmt sind. Sie können sich deshalb auch nicht gesundheitsbewusst verhalten. Andere finden sich vor allem mit ihren Gefühlen, die ja auch zum Teil körperliche Vorgänge sind, nicht zurecht. Sie werden von ihnen überfallen und können sie nicht regulieren, sie erleben Gefühle als Mächte, denen sie hilflos ausgeliefert sind. Diese tiefe Verunsicherung kehren sie dann aggressiv nach außen oder depressiv gegen sich selbst. Beides führt in Sackgassen.

Aber das, was in meinem Körper vorgeht, wie er aussieht und wie er sich äußert, ist genauso ein Teil von mir wie das, was ich denke und tue. Deshalb muss ich es auch als Einheit begreifen und akzeptieren.

Sich wohlfühlen im eigenen Körper ist nicht nur eine Voraussetzung für Gesundheit, sondern auch für ein solides Selbstwertgefühl. Wenn ich einen Teil meiner selbst nicht ausstehen und nicht begreifen kann, als lästig und unvollkommen betrachte, kann ich auch mich selbst als Ganzes nicht so akzeptieren, wie ich bin. Es gibt eine Menge Ratgeber, die Empfehlungen geben, wie man den Folgen solcher Fehlentwicklungen therapeutisch begegnen kann. Wie man Essstörungen loswerden, Empfindsamkeit für die eigenen körperlichen Bedürfnisse entwickeln, sinnvoll mit Aggressivität umgehen, sich aus Depressionen befreien kann. Sinnvoller ist es aber, schon bei den Kindern anzufangen und nicht nur die Folgen solcher Fehlentwicklungen zu therapieren. In der Erziehung können wir die Entwicklung gleich in eine gesündere Bahn lenken.

Die eigene Haltung kritisch überdenken

Das Nachdenken über die Erziehung der eigenen Kinder muss immer damit beginnen, dass sich die Eltern kritische Fragen zu ihrer eigenen Haltung stellen. Denn Kinder orientieren sich nicht nur daran, was man ihnen sagt, sondern ganz wesentlich auch daran, was die Eltern selbst vorleben. Und sie haben ein feines Gespür auch für das Ungesagte, das den Eltern selbst vielleicht gar nicht bewusst ist.

Oftmals richten wir uns nach Vorstellungen oder Normen, die uns selbstverständlich erscheinen, weil die meisten Menschen in unserer Umgebung die gleiche Einstellung haben oder weil bestimmte Dinge »früher auch schon so waren«. Aber müssen sie darum auch sinnvoll sein?

Ich werde deshalb an vielen Stellen im Buch auch den kulturellen Hintergrund und die Geschichte bestimmter Normen erklären, damit sie dem kritischen Verstand zugänglich gemacht werden und damit Sie überlegen können, ob es nicht vielleicht anders besser ist.

Weil es nicht nur bewusste und absichtliche Erziehungsmaßstäbe gibt, sondern viele unbewusste Einflüsse eine Rolle spielen, werde ich ein besonderes Augenmerk auf das nicht bewusste Verhalten der Eltern und dessen Wirkung auf das Kind richten. Typische Beispiele dafür sind der Erwerb von Urvertrauen im Babyalter, aber auch die Sauberkeitserziehung.

Unser Körper – was ist das alles?

Wenn wir vom Körper reden, dann denken wir zunächst einmal an die äußere Hülle aus Fleisch und Blut – an ihre Proportionen und Rundungen, an ihr Aussehen und an ihre Pflege: an Sauberkeit, Waschen, Hygiene und die kindliche Lust am Schmutzigsein.

▶ Körperfreundlich sein heißt: sich in dieser Hülle wohlfühlen.

Aber das ist nur die äußere Hülle. Der Körper, das sind auch die inneren Organe, ihre Funktionen oder auch Fehlfunktionen, und die Signale, die die Organe uns senden, zum Beispiel Bedürfnisse nach Essen, Trinken und Schlafen, aber auch Störungen wie Kopfschmerzen oder Übelkeit.

▶ Körperfreundlich sein heißt: die Signale des Körpers zu verstehen und sinnvoll beantworten.

Zum Körper gehören auch die Sinne, die es uns ermöglichen, mit der Welt in Kontakt zu treten, sie wahrzunehmen, indem wir hören, sehen, schmecken, riechen, tasten oder mit dem größten Sinnesorgan, unserer gesamten Hautoberfläche, spüren.

▶ Körperfreundlich sein heißt: unsere Sinne zu schärfen, damit sie aufnehmen und erfahren können, was die Umwelt uns anbietet.

Und dann gehört zu unserem Körper natürlich das Geschlecht, mit dem wir geboren wurden. Einerseits das, was die Biologie festlegt, andererseits aber auch das, was die Kultur, in der wir leben, uns vorgibt und was wir selber daraus machen.

▶ Körperfreundlich sein heißt: sich mit seinem Geschlecht zu identifizieren, sich mit der Rolle, die die Kultur diesem Geschlecht zuweist, auseinanderzusetzen.

Wenn wir beim Geschlecht sind und bei den Sinnen, dann sind wir auch bei der Sinnlichkeit, der Zärtlichkeit, der Sexualität. Sie ist ein zentraler Bereich unserer Körperlichkeit, der leider besonders häufig verleugnet und verbogen wird.

▶ Körperfreundlich sein heißt: Sexualität als etwas Beglückendes zu genießen und diesen Genuss auch an andere weitergeben zu können.

Teil des Körpers ist auch das Temperament – eine Art Grundstimmung oder Grundmelodie, die das jeweilige Denken und Handeln der Person durchzieht. Das Temperament ist mehr genetisch vorprogrammiert, als man lange Zeit annahm.

▶ Körperfreundlich sein heißt: dass jeder Mensch Wege findet, seinem Temperament entsprechend zu leben, sich nicht ständig verbiegen muss, weil er draufgängerischer oder zögerlicher, extrovertierter oder mehr in sich gekehrt, schneller oder langsamer sein soll, als es seiner Natur entspricht.

Und schließlich gehört zu unserem Köper natürlich auch unser Gehirn, das alles körperliche und seelische Geschehen steuert, mit seinen verschiedenen Arealen und den verschlungenen Wegen, durch die sie miteinander vernetzt sind. Neben dem Stammhirn, das die überlebenswichtigen Funktionen steuert, gibt es auch einen

Bereich, der für unsere Gefühle zuständig ist: das limbische System. Es versieht alles, was wir erleben, mit einer Begleitmusik aus Gefühlen, die mit jeder Erinnerung aufgerufen werden und mit darüber entscheiden, ob wir vergleichbare Erlebnisse in Zukunft als erfreulich oder gefährlich ansehen, aufsuchen oder meiden.

▶ Körperfreundlich sein heißt: die eigenen Gefühle und die Gefühle anderer wahrzunehmen, zu verstehen und darauf zu reagieren.

Dann sind da noch die Areale in unserem Gehirn, die es uns ermöglichen, zu denken, zu lernen, uns zu erinnern. Und vor allem der Bereich, den nur wir Menschen besitzen, der uns vor allen anderen Lebewesen auszeichnet. Das ist die Kontrollstelle gleich hinter unserer Stirn, der präfrontale Cortex, der es uns ermöglicht, alles, was um uns herum und mit uns geschieht, alles, was wir erfahren, fühlen, denken, kritisch abzuwägen und miteinander in Einklang zu bringen. Wenn wir zum Beispiel wütend werden, können wir das registrieren, aber gleichzeitig kritisch überprüfen, ob die Wut berechtigt ist, ob eine wütende Reaktion jetzt sinnvoll ist, ob es nicht andere Möglichkeiten gibt, das, was mich wütend gemacht hat, zu bereinigen.

▶ Körperfreundlich sein heißt: Harmonie herzustellen zwischen allem, was mich ausmacht, nichts zu unterdrücken, nichts zu verleugnen oder unberücksichtigt zu lassen.

Denn all das, das bin ich!

Körper, Geist und Seele

Richtig wohl in meiner Haut kann ich mich nur fühlen, wenn alle Funktionen meines Ichs, wenn Körper, Geist und Seele in Harmonie miteinander sind, wenn alle elementaren Bedürfnisse befriedigt sind, nichts Kränkendes mich belastet, wenn ich das, was mir wichtig ist, auch leben kann.

Viele Menschen suchen diese innere Harmonie heute über östliche Weisheiten, über Yoga oder buddhistische Praktiken. Sie spüren, dass in unseren westlichen kulturellen Traditionen etwas verkehrt läuft oder etwas fehlt. Denn im allgemeinen Verständnis unserer westlichen Kultur ist der Mensch immer noch ein dreigeteiltes Wesen. Er besteht aus dem Geist, dem Willen, der alles beherrschen sollte, aus den Gefühlen, die irgendwo in älteren Gehirnsphären angesiedelt sind und oft unkontrolliert und undiszipliniert dazwischenfunken und klares Denken eher behindern, und drittens aus unserem Körper, einer dumpfen Biomasse mit Instinkten und Trieben, dessen Signale ignoriert, diszipliniert, oft bekämpft werden müssen. Herr des Ganzen sollte, so die Vorstellung, der Geist sein, der freie Wille, der sich von widerstreitenden Gefühlen, erst recht von »dumpfen Begierden« nicht verunsichern lässt.

Aber wie frei ist dieser Wille?

Wie wir alle schon erfahren haben, sind Gefühle so manches Mal verlässlichere Führer in undurchsichtigen Situationen als Gedanken, weil sie das Resultat aus dem nicht immer bewussten Erfahrungswissen unseres ganzen bisherigen Lebens sind. Das belegen auch viele wissenschaftliche Untersuchungen, die in den letzten Jahren durchgeführt wurden. Das Handeln »aus dem Bauch heraus« wird rehabilitiert.

Außerdem kann man mit unseren heutigen bildgebenden Verfahren dem Gehirn bei der Steuerung des Verhaltens zusehen. So lässt sich nachweisen, dass bestimmte Handlungen schon Sekundenbruchteile, bevor wir sie bewusst in Gang zu setzen glauben, im Gehirn vorbereitet wurden. Die Handlung begann also schon, bevor wir sie bewusst wollten. Wer beherrscht dann wen?

Das alte Bild revidieren

Die Frage ist von Anfang an falsch gestellt. Wir müssen das alte Bild von der Dreiteilung revidieren. Früher siedelte man Geist, Seele und Körper ja sogar an unterschiedlichen Orten in unserem Körper an: Der Geist wohnte im Kopf, die Seele im Herzen, das Körperliche im Bauch. Auf mittelalterlichen Gemälden sieht man die Seele von Sterbenden manchmal wie ein Phantom aus der Herzgegend gen Himmel schweben. Heute wissen wir, dass alles, die Gedanken, die Gefühle, die Begierden und Gelüste im Gehirn entstehen, dass sie zwar in unterschiedlichen Bereichen angesiedelt, aber immer eng miteinander vernetzt sind. Wir können nicht denken, ohne dass auch Gefühle wirksam sind; was wir denken und fühlen, drückt sich auch in körperlichen Vorgängen aus.

So haben, wie die moderne Forschung herausgefunden hat, alle unsere Gefühle eine körperliche Entsprechung. Ob wir glücklich, traurig, wütend, munter oder müde sind, äußert sich auch durch Hormone und Botenstoffe, die, gesteuert vom Gehirn, ausgeschüttet werden.

Ein Beispiel: Wenn wir müde werden, steigt in unserem Blut zunächst der Spiegel des Hormons Serotonin. Unser Blutdruck sinkt, unser Herzschlag verlangsamt sich.

Nun könnten wir fragen:

▶ Werden wir müde, weil der Serotoninspiegel steigt, oder steigt der Serotoninspiegel, weil wir müde werden?
▶ Werden wir müde, weil der Blutdruck geringer, der Herzschlag langsamer werden, oder werden Blutdruck niedriger und Herzschlag langsamer, weil wir müde werden?

Aber auch diese Fragen sind falsch gestellt. Es ist nicht eins die Ursache des anderen, sondern alle diese Merkmale kennzeichnen den gleichen Vorgang, nur ermittelt mit unterschiedlichen Methoden.

▶ Messen wir Blutdruck und Puls, stellen wir ihr Sinken fest.
▶ Nehmen wir eine Blutprobe, finden wir den erhöhten Serotoninspiegel.
▶ Fragen wir den Menschen, was er empfindet, dann sagt er: »Ich fühle mich müde.«

Vieles, was wir empfinden, denken oder tun, durchläuft zwar die schon erwähnte Kontrollstelle in unserem vorderen Stirnlappen, die uns das Geschehen bewusst macht. Vieles geschieht aber auch, ohne dass es uns bewusst wird oder bevor es uns bewusst wird. Wenn wir zum Beispiel Auto fahren und vor einem plötzlich auftretenden Hindernis bremsen, ist der Fuß längst auf der Bremse, bevor uns die Gefahr bewusst wird. Der Weg über die Kontrollstelle in unserem Gehirn wäre in diesem Fall zu lang und deshalb lebensgefährlich. Das Verhalten läuft ohne Kontrolle, sozusagen automatisch ab. Das ist in diesem wie in vielen anderen Fällen sehr sinnvoll, kann allerdings manchmal, wie bei unkontrollierten »Schreckreaktionen«, auch problematisch sein.

In Debatten über den freien Willen klingt es oft so, als mache sich da etwas Unbewusstes ganz unberechtigt selbständig, betrüge und hintergehe sozusagen die Kontrollstelle des Willens. Aber so ist es nicht. Alles ist durchaus wohlgeordnet. Auch die Automatismen, die wir durch unsere Erfahrungen erwerben, sind sinnvoller Teil dieses Gesamtkunstwerks, sind ebenso wichtig, gehören genauso zu uns wie die Kontrollstelle unseres bewussten Denkens und Urteilens. Anders ist es, wenn wir uns zu Verhaltensweisen zwingen, die uns im Grunde unzuträglich sind. Dann gerät das Gefüge durcheinander, dann äußern sich Körper und Seele mit Symptomen, die uns krank machen und aus der Bahn werfen.

Das alles, das bin ich

Ich möchte deutlich machen, dass Körper, Geist und Seele nur verschiedene Aspekte von Regelkreisen sind, an denen immer, wenn auch mit unterschiedlicher Gewichtung, alle beteiligt sind, in denen alle Teile einander beeinflussen. Wir alle wissen, dass körperliche Missempfindungen, wie Schmerzen, Hunger oder Schlafmangel, unsere Gefühle und unser Handeln beeinflussen. Wir werden bei Schmerzen oder Schlafmangel gereizt und fangen bei Hunger an, nach Essbarem zu suchen. Aber umgekehrt kann unser Denken auch unseren Körper beeinflussen. Weil wir glauben, ein wirksames Medikament einzunehmen, lassen Schmerzen nach, verändern sich körperliche Symptome – das kennen wir als Placeboeffekt. Schließlich beeinflussen unsere Gefühle auch körperliche Vorgänge. So überwinden Menschen mit Optimismus und Zuversicht oft körperliche Krankheiten schneller als depressiv gestimmte Menschen.

Wenn ich solchen krank machenden Regelkreisen entkommen will, habe ich deshalb auch meistens mehrere Ansatzmöglichkeiten. Am günstigsten ist es natürlich, wenn ich an beiden Punkten gleichzeitig ansetzen kann.

▶ Lindere ich Schmerzen, kann der Betroffene wieder fröhlicher sein. Heitere ich einen Schmerzgeplagten auf, empfindet er weniger Schmerzen, kann sich leichter erholen.

▶ Lindere ich körperliche Symptome, fasst ein Kranker wieder Mut, wird zuversichtlicher. Fördere ich in Gesprächen seine Zuversicht und seinen Optimismus, stärkt das auch sein Immunsystem, lässt die Symptome noch schneller schwinden.

Zurück zu dem, was ich mir mit diesem Buch vorgenommen habe:

▶ Ich möchte an vielen Beispielen unseres Alltags – an Essen und Schlafen, an Angst und Wut, an Bewegungen, Empfindungen und Sexualität zeigen, wie Körperliches und Seelisches zusammengehören.

▶ Ich möchte Eltern auf diese Zusammenhänge aufmerksam machen, auch da, wo sie nicht unbedingt offensichtlich sind.

▶ Ich möchte beschreiben, wie man seine Sinne schärfen kann, auch die, die wir leicht vernachlässigen. Und wie man dies auch an die Kinder weitergeben kann.

▶ Ich möchte zeigen, wie man lernen und auch lehren kann, sich körperlich-seelisch-geistig als Ganzes zu begreifen, zu akzeptieren und wohlzufühlen.

2. Was geht in meinem Körper vor?

Wir Menschen haben grundlegende körperliche Bedürfnisse, die erfüllt sein müssen, damit wir uns gesund entwickeln können. Das sind vor allem die Bedürfnisse nach Essen und Trinken, nach Wärme, Schlaf, Bewegung, nach menschlicher Nähe und Zuwendung. Sind alle Bedürfnisse des Körpers erfüllt, belohnt er uns mit einem Gefühl wohliger Zufriedenheit. Schon ein Baby gibt uns deutliche Signale, was es gerade am dringendsten braucht, nur bei der Realisierung müssen wir dem kleinen Kind noch helfen. Wir müssen es stillen und füttern, an- oder ausziehen, zum Schlafen hinlegen oder zum Strampeln auspacken, mit ihm spielen, es zärtlich streicheln oder in Ruhe lassen. Wenn wir selbst lernen, diesen kindlichen Bedürfnissen freundlich und verlässlich nachzukommen, wird sich das Kind bei uns sicher und geborgen fühlen, eben rundherum wohlfühlen. Je liebevoller wir seine Bedürfnisse verstehen und erfüllen, desto leichter kann das Kind seine eigenen Bedürfnisse und Körpergefühle akzeptieren, bewusst wahrnehmen und beantworten.

Das Vorbild der Erwachsenen

Leider geht vielen von uns im Laufe unseres Lebens dieses ganzheitliche Empfinden der frühen Kindheit mehr und mehr verloren, da unsere Kultur (noch) sehr von der Geringschätzung des Körpers und der Hervorhebung des kritischen Verstandes geprägt ist. Denken Sie nur an den Spruch: »Der Geist ist willig, aber das Fleisch ist schwach.« Der Körper wird zum lästigen Anhängsel, dessen unberechenbare Signale bekämpft oder unterdrückt werden müssen:

▶ Wir trinken Kaffee, wenn wir die Müdigkeit unterdrücken wollen.

▶ Wir nehmen Beruhigungsmittel, wenn wir uns zu aufgeregt oder gestresst fühlen.

▶ Wir nehmen Tabletten, wenn wir Fieber bekommen, anstatt uns ins Bett zu legen und auszukurieren.

Vor allem Frauen entfremden sich oft von ihrem Körper, wenn sie mit seiner äußeren Erscheinung unzufrieden sind. Sie hadern mit sich, wenn es ihnen nicht gelingt, körperliche Gelüste zu beherrschen. Sie quälen sich mit Diäten und Fitness-Programmen oder legen sich gar unters Messer des Schönheitschirurgen, wenn ihr Körper nicht den gängigen Schönheitsidealen entspricht. Auch Männer kasteien sich im Fitness-Studio, um ihrem Körper Höchstleistungen abzuzwingen, auch wenn die Muskeln noch so schmerzen oder der ganze Körper nach Ruhe schreit.

In wissenschaftlichen Untersuchungen wurde festgestellt, dass besonders Männer die Funktionen ihres Körpers nicht kennen, nicht verstehen, sich auch nicht dafür interessieren. Wenn sie zum Arzt gehen, können sie nicht genau erklären, was ihnen wehtut oder wie der Schmerz sich anfühlt. Sie haben auch keine Vorstellung davon, welches Organ betroffen sein könnte. Sie bringen den Körper zum Arzt, wie sie ihr Auto in die Werkstatt fahren – »Hier, machen Sie das mal ganz!« Diese Ignoranz hat zur Folge, dass sie die Signale des Körpers nicht rechtzeitig bemerken und auch nicht rechtzeitig sinnvoll beantworten können. Es gehört anscheinend immer noch zur Vorstellung von Männlichkeit, dass »mann« nicht zimperlich ist, dass »ein Indianer keinen Schmerz kennt«, dass Empfindungen und Gefühle und der achtsame und pflegliche Umgang mit dem eigenen Körper eher »etwas für Frauen« sind. Dabei kann man nicht ohne negative Folgen für das Ganze einen Teil seiner selbst so gering achten. Fragen wir uns deshalb, was wir tun können, damit unserer Kinder – Jungen wie Mädchen – nicht mit dieser Ignoranz aufwachsen, sondern einen achtsamen und liebevollen Umgang mit ihrem Körper von uns übernehmen.

Zieh die Jacke an, du frierst doch!

Für das Wohlbefinden eines Säuglings ist es wichtig, dass die Erwachsenen seine Signale verstehen und zielsicher beantworten. Das Nächstwichtige aber ist, dass wir sensibel erkennen, wann das Kind in der Lage ist, die Befriedigung seiner Bedürfnisse mit immer weniger Assistenz selbst zu übernehmen. Und das ist oft viel früher der Fall, als fürsorgliche Mütter es wahrhaben wollen.

Nehmen wir als Beispiel die Wärmeregulierung. Fast alle Mütter von Kindern im Kindergartenalter sehen es als ihre Aufgabe an, mit Jacke und Mütze hinter ihrem Kind herzulaufen, sobald es an kalten Tagen das Haus verlässt. »Mein Kind ist sehr anfällig«, heißt es dann, »deshalb muss ich gut aufpassen, dass es sich nicht erkältet.«

Wie wär's, das Ganze mal andersherum zu betrachten? Könnte nicht manches Kind deshalb so anfällig sein, weil die Mutter so akribisch aufpasst?

Wie soll das Kind lernen, auf die Empfindung, dass es friert, sinnvoll zu reagieren, wenn es diese Erfahrung nie machen darf? Wie soll sein Körper sich darin üben, Temperaturunterschiede auszugleichen oder klare Signale zu zeigen, wenn das nie von ihm gefordert wird?

Eine häufige Antwort ist dann: »Mein Kind friert sich lieber die Nase blau, bevor es freiwillig seine Jacke anzieht.« Wie kommt das wohl? Wenn Sie ihm mit Ihrer ständigen Jacken-Mahnerei auf die Nerven gehen, ist es ihm wichtiger, Ihnen ein Schnippchen zu schlagen, als es schön warm zu haben. Warum sonst sollte es freiwillig frieren? Sicher, manchmal ist so ein Kind zu sehr ins Spiel vertieft, um sein Frieren zu bemerken, oder zu bequem, sich auf den Weg zu seiner Jacke zu machen. Sie können die Jacke ja mitnehmen oder bereitlegen oder auch ab und zu mal fragen: »Sag mal, frierst du nicht«? So halten Sie ihr Kind an, auf sein Körpergefühl zu achten. Dann nimmt es Ihre Anregung vielleicht auf und zieht die Jacke freiwillig an. Vielleicht antwortet es aber auch: »Nein, mir ist ganz warm!« Wer kann das nun besser beurteilen – das Kind oder Sie?

Wenn aber immer Sie bestimmen, ob eine Jacke angezogen werden muss oder nicht, könnte das Kind zu der Erkenntnis kommen: »Meine Mama weiß besser als ich, was gut für mich ist.« Dann lernt es nicht die eigenen Körpersignale wahrzunehmen, seinen eigenen »Antennen« zu trauen und sie werden stumpf.

Es gibt eine Zeichnung von Heinrich Zille, in der ein kleiner Junge an der Hand seiner Mutter vorwärts gezogen wird. Darunter steht – im schönsten Berliner Dialekt: »Schad't meener Mutta ja nüscht, wenn mir die Finger friern, warum kooft se mir keene Handschuhe!«

Genau so meine ich das!

Lieber Autonomie als Dressur

Das Gleiche gilt auch in anderen Bereichen. Im Kapitel über das Essen (siehe Seite 58 ff.) beschreibe ich, wie gut schon kleine Kinder selbst merken, was sie brauchen. Es ist also nicht ratsam, Kindern bestimmte Arten und Mengen von Nahrung aufzudrängen. Sonst gewöhnen sie sich an diese Fremdbestimmung und verlieren das Gefühl für die eigenen Bedürfnisse. Besser ist es, zu fragen: »Hast du Hunger?«, »Möchtest du eine Banane essen?« So wird das Kind angehalten, in sich hineinzuhorchen, bevor es eine Antwort gibt.

Noch so ein Bereich sind die Ausscheidungen. Es ist in den letzten Jahren viel darüber debattiert worden, ob man im Kindergarten alle Kinder zu festen Zeiten auf den Topf setzen darf, ob das negative Folgen für ihre Entwicklung haben kann. Zwar kann man mit dieser Regelmäßigkeit Reflexe programmieren und damit die Wahrscheinlichkeit erhöhen, dass bei einer Reihe von Kindern dann tatsächlich körperliche Vorgänge ablaufen. Aber die Autonomie, die Achtsamkeit auf Signale des Körpers bleibt dabei auf der Strecke. Wann das Kind muss, bestimmen dann andere und nicht es selbst.

Und kritisch wird es vor allem dann, wenn Kinder, die nicht auf Knopfdruck in den Topf machen können, gescholten werden oder extra lange auf dem Topf sitzen bleiben müssen. Auch hier unterstützen Sie die kindliche Fähigkeit, Körpersignale wahrzunehmen, wenn Sie es hin und wieder bei entsprechendem Verdacht fragen: »Musst du mal?«, und seine Entscheidung dann respektieren. Das hat natürlich erst Zweck, wenn das Kind überhaupt in der Lage ist, diese Signale bewusst wahrzunehmen. Lesen Sie dazu auch das Kapitel »Raus aus den Windeln« (siehe Seite 50 ff.).

Diese Haltung des Respekts vor der kindlichen Entscheidungsfähigkeit bewirkt nicht nur, dass das Kind sich im Umgang mit dem eigenen Körper sicher fühlt, es entwickelt auch mehr Selbstsicherheit und Selbstvertrauen überhaupt. Wenn ein Kind früh lernt, seinen Körperempfindungen und seinen Gefühlen zu trauen und selbständig darauf zu antworten, dann wird es auch später als Jugendlicher und Erwachsener seinen eigenen Gedanken und Entscheidungen vertrauen und sich nicht so leicht bevormunden lassen oder abhängig sein von der Bewertung anderer.

Kinder erkunden ihren Körper

Kleine Kinder interessieren sich sehr für ihren Körper. Das Baby betastet fasziniert seine eigenen Händchen und spürt den Empfindungen nach, die das gleichzeitige Berühren und Berührtwerden auslösen. Es betastet und untersucht auch alle anderen Körperteile, sofern wir sie nicht ständig unter dicken Textilschichten verpacken.

Kleine Kinder, die gelernt haben, ins Töpfchen zu machen, sind oft fasziniert von dem, was ihr Körper da hergibt. Sie sind stolz darauf und mögen es gar nicht, wenn Eltern dieses Produkt ihres Körpers mit Äußerungen von Widerwillen schnell in die Toilette spülen. Neugierige Finger erkunden auch Augen, Ohren, Nasen, bei sich und bei anderen. Später beobachten sie alles, was der Körper an Funktionen und Möglichkeiten anbietet. Kinder mit Forscherdrang scheren sich nicht um Anstandsregeln und Sittsamkeit.

▶ Wie riecht ein Pups?
▶ Wie kann man absichtlich rülpsen?
▶ Kann man in eine Scheide hineingucken?
▶ Wie lang kann man einen Penis ziehen?
▶ Und wer kann am weitesten pinkeln?

Kinder wollen das wissen. Eltern sind damit nicht immer einverstanden. Wieso eigentlich? Was finden wir peinlich, unanständig oder unhygienisch – und warum? Im Kapitel über Sexualität (siehe S. 100 ff.) gehe ich auf diesen Aspekt noch genauer ein.

Verstehen, was im Körper vor sich geht

Vieles, was im Körperinneren vor sich geht, ist weniger leicht zugänglich. Trotzdem sind Kinder sehr neugierig und wollen alles

20

wissen. Einiges lässt sich noch leicht beobachten: Langsames und schnelles, heftiges Atmen oder der Pulsschlag, den man am Hals oder am Handgelenk spüren kann. Nach anderen Dingen wird eifrig gefragt:

▶ Was passiert in meinem Körper, wenn ich atme, esse, trinke?
▶ Warum tut mir manchmal etwas weh?
▶ Was passiert, wenn Bakterien in mein Blut kommen?
▶ Läuft all mein Blut aus, wenn ich eine blutende Wunde habe?
▶ Was ist ein Schluckauf?
▶ Warum wird meine Haut nass, wenn mir zu warm ist?
▶ Warum entsteht da, wo ich mir wehgetan habe, eine Blase, eine Beule, ein blauer Fleck?

Das und noch vieles mehr möchten Kinder wissen. Und es ist wichtig, dass sie eine richtige Antwort bekommen. Ich erinnere mich, dass ich mal versucht habe, den Herz-Lungen-Kreislauf für meine Kinder mit Bauklötzen nachzustellen – das war als Methode nicht so geeignet. Aber es gibt Papier und Stifte, es gibt vor allem Bücher für Kinder, in denen die Funktionen der inneren Organe kindgerecht und anschaulich dargestellt werden (siehe Literaturverzeichnis auf S. 181). Dabei kann man auch selbst noch etwas lernen oder Vergessenes auffrischen. Und man kann mit Hilfe solcher Darstellungen besser erklären, warum man diese oder jene Maßnahme für sinnvoll oder notwendig hält.

Ein Kind soll erfahren, welch ein Wunderwerk sein Körper ist, wie alles geregelt wird, was zu seiner Gesundheit und seinem Wohlergehen nötig ist. Dann ist es auch eher bereit, mit diesem Wunderwerk pfleglich umzugehen. Es versteht besser, warum man sich gesund ernähren soll, dass man schlafen soll, wenn man sich müde fühlt, warum man leicht einen Schnupfen bekommt, wenn man sich unterkühlt. Wenn es mit seinem Körper vertraut ist, hört es eher auf die Signale, die er aussendet, und lernt sinnvoll darauf zu reagieren. Eltern können ihr Kind in dieser Fähigkeit unterstützen, es ihm aber auch unnötig schwer machen.

Gesund und krank

Wenn ein Mensch krank wird, ist in seinem Körper etwas aus dem Lot geraten. Ursache können Krankheitserreger sein, die die Körperzellen angreifen, Ursache kann aber auch ein Angriff auf die Seele sein, wie ein schlimmes Erlebnis oder andauernder Stress. Das Immunsystem kann durch diese Belastung geschwächt werden und wir werden leichter krank.

Krank ist der Mensch immer als Ganzes. Der kranke Mensch fühlt sich zunächst schwach und hilflos, sein Bedürfnis nach fürsorglicher Zuwendung wird deshalb besonders groß. Bekommt er diese Fürsorge, wirkt das heilend. An dieser Stelle wird die Einheit von Körper und Seele besonders deutlich. Jeder Mensch kann sich im oft recht rauen Alltag wieder besser zurechtfinden, wenn er sich zwischendurch mal nach Strich und Faden verwöhnen lassen darf. Das ist auch bei Kindern so. Wenn sie krank sind, werden sie zunächst wieder kleiner, hilfloser und sehr, sehr anspruchsvoll.

Ich selbst habe an meine Kinderkrankheiten eine sehr schöne Erinnerung. Wenn ich mit Fieber im Bett bleiben musste, bekam ich immer süßen, warmen Milchbrei im Babyfläschchen. Ich durfte wieder Baby sein und mich umsorgen lassen. Das war wirksamer als jede Medizin.

Ebenso wichtig ist allerdings, dass das Kind sich in der Obhut der Erwachsenen sicher fühlen kann. Es muss sich darauf verlassen, dass die Erwachsenen wissen, was mit ihm los ist und was jetzt geschehen muss, damit bald alles wieder gut wird. Das Kind wird zum Beispiel ruhiger bleiben, weniger mit Stress reagieren und sich dadurch zusätzlich belasten, wenn es für seinen Zustand und für das, was jetzt passieren muss, verständliche Erklärungen bekommt.

Wir Erwachsenen sind sehr daran gewöhnt, Krankheit als etwas Schlimmes, Böses anzusehen, das über uns gekommen ist. Und das kann Angst auslösen. Aber wir können die Krankheitsanzeichen durchaus auch als etwas Positives begreifen, als Zeichen dafür, dass der Körper sich gegen Angriffe erfolgreich zur Wehr setzt. Und mit dieser Haltung können wir dem Kind erklären, was mit ihm los ist.

Erbrechen und Durchfall zum Beispiel sind sehr unangenehm. Sie sind aber auch sinnvolle Reaktionen des Körpers, Unzuträgliches schnell wieder aus dem Körper zu entfernen. Fieber zeigt an, dass die »Gesundheitspolizei« im Körper sich wilde Kämpfe mit eingedrungenen Krankheitserregern liefert – und Sie können dem Kind versprechen, dass die Gesundheitspolizei gewinnen wird. So können Sie dem Kind phantasievolle Geschichten erzählen, die das, was geschieht, in Bildern begreiflich machen. Geschichten, in denen Gut und Böse miteinander kämpfen, und Gut natürlich, wie im Märchen, immer gewinnt. Den Guten muss man natürlich auch helfen, indem man ihnen die richtige Nahrung oder Medizin zur Stärkung runterschickt, sich still hinlegt oder der Ärztin erlaubt, mittels Stethoskop in den Körper hineinzuhorchen. Sie haben sicher selbst genug Phantasie, sich passende Geschichten für Ihr Kind und seine Beschwerden auszudenken. So können Sie erreichen, dass Ihr Kind versteht, was in ihm vorgeht, in das Notwendige einwilligt und aktiv mithilft. Dann fühlt es sich der Krankheit nicht mehr hilflos ausgeliefert, und das fördert das Gesundwerden.

Kranksein macht Angst, Angst macht krank

Kranksein ist für ein Kind oft mit Ängsten verbunden – Angst vor der Kinderärztin, die etwas mit ihm tun will, was es nicht mag, Angst davor, dass in ihm etwas vorgeht, das es hilflos macht. Und oft sind die Ängste ganz andere, als die Eltern erwarten.

Kleine Kinder geraten zum Beispiel oft in Panik, wenn aus einer Wunde ein paar Tröpfchen Blut fließen. Sie haben die Vorstellung, dass dies genauso schlimm ist wie ein kleines Loch in einer Plastiktüte mit Flüssigkeit – nach und nach läuft der ganze Inhalt aus. Wenn man ihnen aber von dem Wunderkleber erzählt, den sein Körper für solche Fälle bereithält, mit dem er in Minutenschnelle das Loch wieder zuklebt, kann es den Vorgang vielleicht entspannter beobachten und fängt auch nicht gleich an den Schorf, der sich bildet, abzuknibbeln.

Kinder haben bei ihren Reaktionen auch andere Maßstäbe als Erwachsene. Unser Erschrecken ist umso größer, je bedrohlicher und fremder uns die Erkrankung des Kindes erscheint. Kindliche Angst aber macht sich manchmal an Symptomen fest, die uns unwichtig sind. Ich erinnere mich, dass eines meiner Kinder entsetzt in Tränen ausbrach, als es sein von Masern verquollenes Gesicht im Spiegel sah. Ich hatte leider bei seinem Anblick lachen müssen, denn ich wusste, dass das vorübergeht. Das Kind aber sah im Spiegel ein Monster und hatte große Angst, es müsste jetzt immer so herumlaufen.

Hilfreich beim Abbau von solchen Ängsten kann neben Erklärungen, die vielleicht manchmal zu unverständlich ausfallen, das Spiel mit Puppen oder Kasperlefiguren sein.

Ich kann den Besuch beim Arzt vorbereiten, indem ich als Arzt die kranke Puppe behandle und dabei das tue, was voraussichtlich der Arzt tun wird. Und der Puppe geht es danach wieder viel besser. Ich kann auch dem Kasperle die Krankheit des Kindes andichten. Der Kasperle kann dann die kindlichen Ängste ausdrücken und das Kind fragen, was denn jetzt wohl geschehen müsse. Wenn das Kind dann zum Beispiel dem Kasperle zuredet, da müsse er wohl ins Krankenhaus, und da werde man ihn wieder gesund machen, überwindet es damit auch die eigenen Ängste vor diesem Schritt. Der einfühlsamen Phantasie sind keine Grenzen gesetzt.

Gehe ich in dieser Weise auf die kindlichen Ängste ein, wird das Kind weniger das Gefühl haben, einer fremden Macht hilflos ausgeliefert zu sein. Es wird seinem Körper zutrauen, die Krankheit zu überwinden, es wird sich selbst mit dafür zuständig fühlen. Es mag gut gemeint sein, das Kind vorher nicht einzuweihen, wenn angstauslösende oder schmerzhafte Eingriffe bevorstehen, damit es sich nicht aufregt. Aber selbst Gebrüll und wütender Widerstand sind seelisch gesünder als das lähmende Entsetzen, wenn es sich von den Eltern verraten und hintergangen fühlt. Ein Kind, das sich ernst genommen fühlt, kann unangenehme Eingriffe eher durchstehen und seine Angst leichter bewältigen.

Ein unabwendbarer Krankenhausaufenthalt ist für ein kleines Kind nur dann ohne heftige Ängste zu ertragen, wenn ein vertrauter Erwachsener die ganze Zeit bei ihm ist und mit aufgenommen wird. Das ist zum Glück inzwischen auch in den Krankenhäusern zur Selbstverständlichkeit geworden. Unbegleitete Kinder sind vielleicht manchmal bequemer, weil sie still verzweifelt in ihren Betten hocken, aber begleitete Kinder werden schneller gesund, auch wenn sie lebhafter sind und häufiger lauthals protestieren. Sie leiden auch nach der Entlassung seltener an seelischen Folgeerscheinungen wie nächtlichem Aufschrecken, Angstträumen oder ständigem Anklammern und Angst vor dem Verlassenwerden am Tage.

3. Den Körper spüren und auf die Probe stellen

Kinder haben einen viel größeren Bewegungsdrang als Erwachsene. Sie wollen rennen und toben und schreien, klettern und rangeln. Das ist natürlich und notwendig. Auch junge Tiere machen das so – denken Sie bloß an die wilden Sprünge von Fohlen auf der Koppel, die lauten Kampfspiele junger Hunde oder die verrückten Kapriolen junger Kätzchen. Die jungen Tiere und auch die Menschenkinder erfahren und erproben dabei ihren Körper, trainieren seine Fähigkeiten.

So weit sind Erwachsene ja auch verständnisvoll. Aber muss sich das Ganze nicht trotzdem in moderaten Bahnen abspielen? Müssen sie gar so wild toben, gar so laut kreischen? Kinder gieren geradezu nach sinnlichen Körpererfahrungen und gehen uns »domestizierten« Erwachsenen damit oft auf die Nerven. Sie probieren aus, was ihr Körper alles hergibt. Sie kreischen, bis einem die Ohren klingen, sie drehen sich, bis die ganze Welt sich dreht, rennen und toben, bis ihnen die Luft wegbleibt, das Herz rast und der Kopf puterrot wird. Sie verausgaben sich völlig, gehen lautstark aus sich heraus, fühlen besonders intensiv sich selbst. Vielleicht tröstet Sie das, wenn Ihr Kind gerade mal wieder mit wildem Geschrei durch den Flur rennt. Kinder müssen ihren Körper spüren, seine Fähigkeiten testen, seine Grenzen erfahren. Nur so lernen sie, sich in ihrem Körper richtig zu Hause zu fühlen, auf seine Signale zu achten und ihn gut zu behandeln.

Kinder wollen auf alles, in alles, unter alles klettern und kriechen. Sie wollen balancieren, hangeln und springen, immer höher und immer weiter. Sie wollen erfahren, was ihr Körper alles kann, wie sich das alles anfühlt. Diese vielseitige körperliche Bewegung fördert das diffizile Zusammenspiel der Muskeln, Sehnen und Gelenke. Das Kind wird immer geschickter und sicherer. Es lernt immer besser, wie weit es seiner Kraft vertrauen kann und wo es aufpassen und vorsichtig sein muss. Dass es dabei auch noch seinen Kreislauf trainiert, seine Verdauung und seine Immunabwehr fördert, das gibt es als Geschenk noch obendrauf.

Rechnen und rückwärtslaufen

Aber das Trainieren des Bewegungssinnes hat noch eine andere Wirkung, an die man zunächst einmal nicht denkt. Das Trainieren der körperlichen Geschicklichkeit fördert auch die Fähigkeit zum Rechnen! Man hat festgestellt, dass Schulkinder mit einer Rechenschwäche bei körperlichen Übungen wie Balancieren, Rückwärtslaufen oder Hüpfen auf einem Bein oft besonders ungeschickt sind. Ein Training in diesen Fähigkeiten half ihnen auch beim besseren Rechnen. Es gibt nur Vermutungen darüber, woher dieser Zusammenhang kommt. Rechenschwache Kinder haben zu wenig Verständnis für Zahlen und Mengen, für das Zuzählen und Abziehen, Malnehmen und Teilen. Der Schluss liegt nahe, dass das *konkrete* Erfassen des Raumes – das Vor und Zurück, das Neben, Drunter und Drüber – Voraussetzung ist für das Erfassen *abstrakter* räumlicher Beziehungen – von mehr und weniger, über- und untergeordnet. Rechnen und Bewegungen im Raum sind verwandte Vorgänge. Im Gehirn liegen die Zentren für diese beiden Fähigkeiten dicht beieinander. Vielleicht ist das nur dem Menschen eigene »Rechen-Areal« aus dem älteren Areal für die Bewegungskoordination entstanden und daher kommt die enge Verknüpfung. Wenn Sie also wieder mal vor der Entscheidung stehen, mit Ihrem Schulkind noch ein paar Rechenpäckchen zu üben oder es auf den Spielplatz zu schicken – vieles spricht für den Spielplatz!

Freude an Bewegung fördern

Für lustvolle Bewegungen brauchen Kinder keine Anleitung. Sie brauchen nur Eltern, die ihnen die Möglichkeiten dazu schaffen, die nicht ständig Angst um sie haben, die Dreckspuren und Risse an der Kleidung, ohne zu meckern, hinnehmen, die bei puterroten Köpfen und nass geschwitzten Haaren nicht immer nur an Erkältung denken und Heftpflaster immer vorrätig haben.

Ich weiß, wie lästig und zeitraubend es sein kann, wenn das Kind an keinem Mäuerchen, an keiner Randbefestigung, keinem waagerecht liegenden Baumstamm vorbeigehen kann, ohne darauf zu balancieren. Raufheben, an der Hand halten, beim Pfeiler wieder runter, hinter dem Pfeiler wieder rauf ...

Aber dass das Balancieren Kindern so viel Spaß macht, hat einen wichtigen Sinn. Es erfordert viel Aufmerksamkeit und Konzentration. Wenn so ein Kind nicht aufpasst, wackelt oder einen falschen Schritt setzt, bekommt es sofort eine korrigierende Rückmeldung für das nächste Mal. Das ist eine hervorragende Übung für den Gleichgewichtssinn, aber auch für das Konzentrationsvermögen überhaupt.

Auf dem Spielplatz, später auf dem Rummelplatz, ist auch alles, was sich dreht, sehr beliebt. Schaukelketten werden zum Beispiel fest verdreht und dann losgelassen, so dass das Kind auf dem Sitz sich wie ein Kreisel dreht.

In meiner Kindheit gab es solche Attraktionen nicht. Aber ich erinnere mich, dass wir uns auf einer Wiese so lange schnell und emsig um uns selbst drehten, bis wir, und das möglichst theatralisch, völlig schwindelig zu Boden fielen. Neben all der sinnlichen Lust trainieren Kinder bei diesen Drehübungen unentwegt ihr Gleichgewichtsorgan und ihren Orientierungssinn, fördern ihre Wahrnehmungs- und Bewegungsentwicklung. Glücklicherweise denken sie dabei nicht an Training, sondern sie tun es einfach, weil es so viel Spaß macht. Aber Eltern, die das wilde Herumgetobe vielleicht lästig, sinnlos oder gefährlich finden, hilft diese Erkenntnis hoffentlich, den unersättlichen Bewegungsdrang nicht nur zu ertragen, sondern bewusst zu fördern.

Das Gleiche gilt fürs Schaukeln und Wippen, Hochfliegen und Abwärtssausen. Ich kenne kein Kind, für das es nicht höchste Lust bedeutet, vom Papa hochgeschleudert und wieder aufgefangen oder an einem Arm und einem Bein festgehalten herumgeschleudert zu werden. Meist ist es der Erwachsene, der als Erster nicht mehr kann oder will. Schaukeln Sie selbst noch gern, fahren Sie manchmal selbst noch Karussell? Können Sie diese Lust noch nachempfinden, so hoch zu fliegen, so wild und frei zu sein und trotzdem beschützt und sicher gehalten?

Kinder tanzen auch gern. Ich meine hier nicht Volkstanz mit festen Regeln und Figuren, sondern das Ausdrücken von Lebenslust nach rhythmischer Musik. Schon die ganz Kleinen – kaum können sie laufen – wiegen und drehen sich, wenn sie Musik hören. Spornen Sie sie an, machen Sie mit, das tut auch Ihnen gut!

Vielleicht ist an dieser Stelle eine Einschränkung angebracht. Wir Erwachsenen neigen dazu, das, was wir für die Kinder für nötig halten, in gut organisierte Bahnen zu lenken. Und so melden wir das Kind, das sich mehr bewegen soll, zum Ballettkurs an, zur Leichtathletik oder im Fußballverein. Und da lernt es dann vor allem Selbstdisziplin, das Einhalten von Regeln, muss nach Zielen trainieren, die Erwachsene erdacht haben. Das mag für ältere Schulkinder durchaus gut und wichtig sein, ersetzt aber nicht das sinnliche Sichhineinstürzen in die selbstbestimmte Bewegung, die phantasievolle Gestaltung eigener Bewegungsspiele nach selbst ausgedachten Regeln, das Anfangen und Aufhören nach eigener Lust und Laune.

Pass auf, du fällst!

Auf Spielplätzen beobachte ich immer wieder überängstliche Mütter, Väter, Omas, die ständig darüber wachen, dass ihr Kind sich ja nicht in Gefahr begibt. »Lea, nicht an die Leiter!«, »Pass auf, das wackelt!«, »Halt dich fest!« Oder Mütter und Väter, die unentwegt ihre helfenden Arme zur Verfügung stellen, um zu ziehen, zu schieben, zu schützen. Ich habe den Eindruck, dass diese Eltern die ständig behütende Fürsorge, mit der sie das kleinste Risiko, jeden Plumps, jeden Schreck verhindern möchten, für ihre normale Elternpflicht halten. Dass sie sich selbst und den anderen Anwesenden zeigen wollen, was für gute Eltern sie sind.

Aber wie soll Lea die Tücken der Objekte einschätzen lernen, wenn sie sie nicht selbst erfährt? Sicher gehört etwas mehr Erfahrung, etwas mehr Vertrauen, manchmal auch etwas Herzklopfen dazu, ein Kind auch riskante Dinge selbst ausprobieren zu lassen. Aber es ist eine Lust zu beobachten, wie vorsichtig kleine Kinder ihre Hände und Füße setzen, wenn sie nicht daran gewöhnt sind, immer helfende Hände um sich zu haben.

Nicht, dass ich kleine Kinder bedenkenlos in jede Gefahr klettern lassen wollte. Wenn ein Einjähriges zum Beispiel eine Leiter erklettert hat, die ich stehen gelassen habe, wird es – oben angekommen – wahrscheinlich entsetzt losschreien, weil es nicht wieder runterkommt. Selbstverständlich ist es hier meine Pflicht, niemals eine Leiter in seiner Nähe stehen zu lassen oder das Kind nicht über die Greifhöhe meiner für den Notfall einsatzbereiten Arme hinaus klettern zu lassen. Aber warum soll ein Kind nicht versuchen, die Leiter an der Rutsche auf dem Spielplatz zu erklimmen? Wenn es oben ist, kann es am anderen Ende hinunterrutschen. Sicher muss ich zunächst daneben stehen, werde für den Ernstfall meine Hände in Bereitschaft halten, vielleicht auch dem dicken Windelpopo manchmal einen kleinen zusätzlichen Kick geben, aber so viel wie nur möglich sollte ich das Kind selbst ausprobieren lassen, es immer wieder zu eigenen Versuchen ermutigen und meine Hilfestellung zurücknehmen, sobald ich sehe, dass das Kind es allein kann. Die Begeisterung über das Selbstvollbrachte ist es, was die Entwicklung vorantreibt. Wenn das Kind größer wird, werde ich sicher so manches Mal die Luft anhalten angesichts der »Kunststücke«, die mir da stolz vorgeführt werden. Aber wenn ich versuchen wollte, jedes Risiko auszuschalten, müsste ich das Kind im Käfig halten.

Die Haltung der Erwachsenen überträgt sich auf das Kind und sein Zutrauen zu sich selbst. Ängstliche Eltern erziehen ängstliche Kinder. Der fürsorgliche Ruf »Pass auf, du fällst!« wirkt wie eine sich selbst erfüllende Prophezeiung. Das Kind wird verunsichert, blickt sich nach dem Rufenden um – und fällt. Oder es probiert lieber gar nicht mehr allein, streckt hilfesuchend die Arme aus und lässt sich von Papa oder Mama schieben und ziehen.

Kindlicher Bewegungsdrang und lärmempfindliche Nachbarn
Aber auch in der Wohnung haben Kinder einen viel größeren Bedarf an Bewegung als Erwachsene. Und viele Wohnungen sind dafür nicht geeignet.

Lässt Ihre Wohnung viel Bewegung zu? Oder ist, wie es viele Architekten planen, das kleinste, das halbe Zimmer als Kinderzimmer eingerichtet? Ließe sich das nicht ändern? Gibt es wenigstens einen langen Flur? Klopft bei Dreiradfahrten im Flur oder Sprüngen vom Hochbett der Mieter von unten an die Decke? Könnte ein Fußbodenbelag den Lärm dämpfen? Sehr empfehlenswert sind auch häufige freundliche Kontakte mit den anderen Mietern. Der Lärm von Kindern lässt sich nämlich leichter ertragen, wenn man diese Kinder gern mag. Ertragen werden muss er aber. Denn das laute Spielen von Kindern, auch wenn sie noch Freunde dazu einladen, gehört zu ihren natürlichen Lebensäußerungen, das sagen auch einsichtige Richter.

In der Schule gibt es ja dann den Sport

In einem guten Kindergarten haben die Kinder viel Gelegenheit, sich zu bewegen und draußen herumzutollen. In der Schule müssen sie länger still sitzen, als ihnen guttut. Als Ausgleich gibt es dann den Sportunterricht und die Pausen auf dem Schulhof. Aber auf dem Pausenhof ist manchmal das Rennen und Tollen untersagt, aus Sicherheitsgründen. Oder der Hof ist betoniert, kahl und ohne Anreize.

Lässt sich der Hof vielleicht durch eine Elterninitiative umgestalten? Können Sport- und Spielgeräte oder wenigstens Bälle, Stelzen und Ähnliches angeschafft werden? Wenn Eltern sich zusammentun, können sie eine ganze Menge bewegen. Es gibt dazu viele ermutigende Beispiele.

Auch der Sportunterricht ist nicht immer so, wie er sein müsste. Er hat zwei Funktionen: Erstens soll er allen Kindern Ausgleich verschaffen zum erzwungenen Stillsitzen, zweitens dient er dem gezielten körperlichen Training. Dabei stehen diszipliniertes Üben, das Vorbereiten aufs nächste Sportfest und das Erringen von Urkunden oft viel zu sehr im Mittelpunkt. Und wer dann beim langen Schlangestehen vor den Übungsgeräten vor Bewegungsdrang »ausflippt«, der verbringt auch noch den Rest der Stunde als Zuschauer auf der Strafbank.

Generell sollte, wenn Kinder Sport treiben, die Lust an der Bewegung Vorrang haben vor diszipliniertem Training. Je jünger die Kinder sind, umso mehr. Bitte denken Sie daran, wenn Sie Ihr Kind zu einem Sportkurs anmelden. Gehen Sie ein paarmal mit, beobachten Sie, wie es da zugeht. Und überlegen Sie, ob regelmäßige Ausflüge in Wald und Feld oder auf den nächsten größeren Spielplatz nicht doch angebrachter sind.

Trödeln als schöpferischer Ausgleich

Aber nicht immer sind Kinder laut, wild und schneller, als uns recht ist. Als sinnvollen Ausgleich brauchen sie auch Phasen der Ruhe, der Entspannung, der Langsamkeit. Nur wenn man entspannt, gelassen und langsam ist, kann man alles um sich herum wirklich aufnehmen und auf sich wirken lassen. Manchmal, gerade wenn wir es eilig haben, können Kinder entnervend langsam und trödelig sein.

Wir Erwachsenen verbringen unsere Tage in einem engen Zeitraster aus festen Terminen – Aufstehen nach dem Wecker, vielleicht zwanzig Minuten für Duschen und Anziehen, dann ein kurzes Frühstück, fünf Minuten bis zum Bus ... und so weiter. Dabei rennen wir an vielem, was uns interessieren und anregen könnte, einfach vorbei. Wir sind so sehr daran gewöhnt, dass wir dieses Tempo für selbstverständlich halten, dass wir es auch unseren Kindern beibringen möchten. Aber Kinder leben anders. Sie lassen sich ablenken von diesem und jenem, finden ständig Interessantes, dem sie nachgehen möchten. Und das macht Zeitabläufe unberechenbar. Wir Erwachsenen haben das Gefühl dafür verloren, was für ein gewaltsamer Eingriff in rhythmische Abläufe dieses Leben nach der Uhr oft ist. Wir haben zu gründlich und grundsätzlich Pünktlichkeit zu einer Tugend erklärt und unterwerfen uns ihr selbst da, wo es nicht unbedingt nötig wäre. Deshalb reizt uns kindliche Trödelei schnell und wir halten sie für sinnlose Zeitverschwendung.

Eine Ausnahme machen wir vielleicht noch bei schöpferisch tätigen Menschen. Wenn uns ein Künstler erklärt, unter Zeitdruck könne er nicht kreativ arbeiten, er wisse nicht, wann er fertig werde, sind wir geneigt, ihm das zuzugestehen. Aber auch unsere Kinder sind oft, wenn sie trödeln, schöpferisch tätig! Sie entwickeln noch Phantasie bei Tätigkeiten, die uns längst zur Routine geworden sind. Da hat ein Kind auf der Suche nach einem Pulli zum Anziehen mehrere davon auf dem Boden ausgebreitet, Umarmungen hergestellt zwischen rot und grün, geblümt und gestreift. Einem anderen wird der »Schnell-mal-zum-Bäcker-Weg« zu einem Hüpftanz auf den Mustern des Bürgersteigs. Und wenn es dann noch träumt, ein Schmetterling zu sein, vergisst es womöglich, was es holen sollte. Ist es in all diesen Fällen wirklich wichtig, dass das Kind schnell macht und nicht trödelt?

Vielleicht müssten wir Erwachsenen – mit den Kindern als Lehrmeistern – auch wieder lernen zu trödeln, wenigstens ein bisschen, wenigstens da, wo es nicht weiter stört. Dann wäre die durchrationalisierte Zeiteinteilung am restlichen Tag auch wieder leichter zu ertragen.

Hektik als Krankheit?

Eltern und Lehrerinnen klagen immer häufiger über Kinder, die ständig über die Maßen laut und quirlig sind, denen es nie gelingt, sich ruhig auf eine Sache zu konzentrieren. Dieses auffällige und vor allem störende Verhalten hat einen Namen: ADHS, Aufmerksamkeits-Defizit-Hyperaktivitäts-Syndrom. Und es gibt Medikamente, die Abhilfe versprechen. Betroffene Kinder und ihre Eltern haben es besonders in der Schule sehr schwer. Da kann in schlimmen Fällen der kurzzeitige Einsatz eines Medikaments neben pädagogischen und therapeutischen Maßnahmen segensreich sein.

Nun ist hier nicht der Ort, über dieses Syndrom, seine möglichen Ursachen und Behandlungsmethoden zu schreiben. Dazu gibt es ausreichend gute Literatur. Hier nur so viel: Wenn ein solches Krankheitsbild erst einmal definiert und ein Abhilfe versprechendes Medikament auf dem Markt ist, dann ist die Versuchung sehr groß, immer mehr sehr quirligen, unruhigen und unkonzentrierten Kindern diese Diagnose aufzudrücken und Hilfe in einer Pille dagegen zu suchen. Das geschieht zurzeit in Deutschland in sehr hohem Maße.

▶ Dabei ist es zunächst eine Frage der Definition, wann ein Kind sehr aktiv und sehr lebendig und wann es hyperaktiv und damit »gestört« ist.

▶ Sind wir mit unserem bewegungsarmen Lebensstil immer weniger bereit, die Lebendigkeit, den Drang der Kinder nach Aktivität zu tolerieren?

▶ Haben unsere Kinder zu wenig Auslauf, zu wenige Möglichkeiten, laut und intensiv aus sich herauszugehen? Fallen sie deshalb in unpassenden Situationen durch störende Hibbeligkeit auf?

▶ Können Unruhe und Unkonzentriertheit nicht auch die Folge unseres eigenen, immer hektischer werdenden Lebensstils sein?

Den Lebensstil vieler Eltern und den Versuch gesunder Kinder, sich diesem Dauerstress durch Trödelei zu entziehen, habe ich bereits beschrieben. Aber oft passen sich die Kinder auch an – gewöhnen sich daran, immer verschiedene Dinge gleichzeitig zu tun oder im Kopf zu behalten – spielen und Hausaufgaben machen vor laufendem Fernseher, Bus fahren mit Knopf im Ohr und über Handy mit Freunden quatschen, die Uhr ständig im Blick, um rechtzeitig beim nächsten Date zu sein. Das alles zwingt zu ständig breit gefächerter Aufmerksamkeit – sie haben vieles gleichzeitig im Kopf, aber nehmen alles nur flüchtig wahr. Wie sollen sie da lernen, sich auf eine Sache zu konzentrieren?

Sollten Sie selbst so ein quirliges Kind zu Hause haben, denken Sie bitte erst dann an die mögliche Diagnose ADHS, wenn Sie diesen Fragen selbstkritisch nachgegangen sind. Und wenden Sie sich an einen ausgewiesenen Spezialisten für eine ausführliche Untersuchung, bevor Sie Ihrem Kind einen solchen Stempel aufdrücken lassen. Holen Sie sich pädagogischen und therapeutischen Rat für den Umgang mit sehr unruhigen Kindern, bevor Sie Medikamente einsetzen.

Inseln der Ruhe schaffen

Bei aller Begeisterung für aktive Spiele brauchen Kinder eine ausgewogene Zeiteinteilung, in der auch Phasen der Ruhe und Entspannung, ja der schöpferischen Langeweile ihren Platz haben. Vielleicht gelingt es Ihnen bei aller Hektik, die das Leben mit Kindern oft mit sich bringt, solche Inseln der Ruhe im Alltag fest zu etablieren.

▶ Das kuschelige Vorlesen am Abend etwa, bei dem man auch die Ereignisse des Tages noch einmal Revue passieren lassen kann, Ärger ausräumen, Missstimmungen klären kann.

▶ Oder das gemeinsame Essen, eine Ratsch- und Tratschrunde, in der man besprechen kann, was man erlebt hat und was einem durch den Kopf geht.

▶ Vielleicht auch eine Siesta-Stunde am Nachmittag, in der alle sich bemühen, leise zu sein, schlafen, sich ausruhen oder eigenen Interessen nachgehen, in der auch Sie weder den Fernseher noch die Waschmaschine anwerfen.

Auch in Kindergarten und Schule klagen Erzieherinnen und Lehrerinnen oft über die Unfähigkeit der Kinder, zur Ruhe zu kommen. Einige machen inzwischen gute Erfahrungen mit eingestreuten Atem- und Yoga-Übungen oder mit Phantasiereisen, bei denen die Kinder mit geschlossenen Augen den Bildern und Erlebnissen folgen, die die Pädagogin ihnen langsam und eindringlich schildert. Gerade diese Ausgewogenheit zwischen wildem Herumtollen und stillem In-sich-gekehrt-Sein ist es, was Kinder brauchen. Wildheit ohne Ruhephasen wird hektisch, überanstrengend, nervend. Lange, erzwungene Passivität ohne wilde Lebenslust lähmt, macht fett und träge.

4. Bei mir bist du schön!

Als ich ein kleines Mädchen war, entsprach ich an einer Stelle nicht den gängigen Schönheitsvorstellungen – ich hatte »Segelohren« – jedenfalls sagten das meine Mutter und die Verwandten. Meine Mutter setzte mir lange Zeit zur Nacht ein Häubchen auf, bestehend aus sehr festen Bändern, die die Ohren plattbügeln sollten. Das tat in der Nacht ziemlich weh, genutzt hat es aber nichts. So mahnte mich meine Mutter, die Haare immer so zu tragen, dass die Ohren bedeckt sind. Meine Mutter hat es gut gemeint, aber ich verbrachte meine weitere Kindheit mit dem Gefühl, einen Makel zu haben, den keiner sehen durfte. Als mir eine Lehrerin bei einem Gespräch einmal zärtlich-versonnen die Haare hinter das eine Ohr strich, riss ich sie erschreckt gleich wieder nach vorn. Heute trage ich die Haare mal kurz, mal lang, kein Mensch interessiert sich für meine Ohren, auch ich finde sie völlig normal.

Da das der einzige Komplex in Sachen Schönheit in einer sonst sehr anerkennenden und ermutigenden Erziehung war, habe ich das Ganze ohne dauerhaften Knick in meinem Selbstwertgefühl überstanden. Schwieriger wird das schon, wenn einem Mädchen, in dessen Herkunftskultur alles darauf ankommt, frühzeitig zu heiraten, immer wieder erklärt wird: »Mit der Nase kriegst du sowieso keinen Mann.« Die Autorin Necla Kelek beschreibt, wie sie ihre Kindheit mit dem Gefühl verbrachte, hässlich und nicht begehrenswert zu sein. Wer sie heute sieht, wird doch wohl zugeben, dass sie völlig normal aussieht. Manche stellen ihre Segelohren sogar sehr selbstbewusst zur Schau, denken Sie nur an den früheren Außenminister Genscher. Wenn Menschen intellektuell oder künstlerisch etwas zu bieten haben, spielen solche Äußerlichkeiten keine Rolle.

Auch wenn einem kleinen Kind immer wieder andere Mängel attestiert werden – zu dick, zu kurze Beine, kein schönes Haar oder zu dünn, zu klein, zu spillerig – wird das unweigerlich sein Bild von sich selbst und damit sein Selbstbewusstsein negativ beeinflussen.

Was ist schön?

Was heißt überhaupt »schön«?

Unsere Schönheitsnorm ist heute ausgesprochen eng. Eine Frau muss groß und superschlank sein, lange Beine und einen großen Busen haben – denken Sie da auch gleich an eine Barbie-Puppe?

Mona Lisa zum Beispiel, über deren geheimnisvolles Lächeln Generationen gerätselt haben, hätte bei den aktuellen Topmodel-Shows keine Chance. Wir lassen uns viel zu leicht festlegen auf eine Norm des Ebenmäßigen, Makellosen. Aber ist das nicht langweilig?

Ich habe oft Mühe, all die blonden, langbeinigen Modeltypen unter jungen Mädchen auseinanderzuhalten. Sie sehen alle so gleich aus. Ist es nicht oft der kleine Makel, das individuelle i-Tüpfelchen, das ein Gesicht attraktiv und unverwechselbar macht? Denken Sie an den leichten Silberblick von Barbra Streisand, an den Leberfleck von Robert De Niro, an viele wirklich große und selbstbewusste Typen aus dem Showbusiness, die genau betrachtet keineswegs schön, aber sehr attraktiv und unverwechselbar sind. Dustin Hoffman zum Beispiel hat nach gängigen Normen eine viel zu große Nase, aber ist es nicht eine Lust, ihm zuzusehen? Und was haben Michael Jackson seine vielen Nasen-Operationen gebracht? Wirklich interessant wird ein Gesicht erst durch seine Mimik, durch Gefühle, die es ausdrückt, durch das, was ein Mensch sagt und wie er es sagt. Ein Mensch mit lebhafter Mimik und sprechenden Augen kann sein Gesicht sozusagen von innen zum Leuchten bringen. Und das ist es, was ihn attraktiv macht.

Von innen leuchten aber kann man nur, wenn man mit sich selbst im Reinen ist, wenn man sich gut findet, so wie man ist. Und genau das wünsche ich Kindern, vor allem Mädchen, die dem Schönheitsterror viel mehr ausgesetzt sind als die Jungen. Das Leuchten in den Augen ihrer Eltern, die in den ersten Jahren die wichtigste Instanz für ihr Selbstgefühl sind, sollte ihnen sagen: Bei mir bist du schön, ich freue mich, dich zu sehen, so wie du bist.

Später formen dann zusätzlich Modetrends aus Fernsehsendungen und der allgegenwärtigen Reklame, aber auch Gleichaltrige und Idole unter den Erwachsenen das Bild, das man von sich selbst hat. Aber ein junger Mensch mit einem soliden Selbstwertgefühl wird sich dem Diktat solcher Normen leichter widersetzen können, leichter den Mut haben, sie oder er selbst zu sein.

▶ Wie ist es Ihnen in dieser Hinsicht gegangen, als Sie klein waren?

▶ Haben Sie sich einreden lassen, dass man nur schön ist, wenn man mindestens fünf Kilo weniger wiegt als Sie, einen größeren Busen, einen fülligeren Mund und markantere Augen hat?

▶ Dass Sie, um Ihrem Ideal auch nur nahe zu kommen, unentwegt an sich arbeiten müssen – mit Diäten, mit viel Kosmetik, die nicht nur das Attraktive betonen, sondern vor allem die Mängel kaschieren soll, oder gar mit Schönheitsoperationen?

▶ Haben Sie selbst den Mut verloren, einfach so zu sein, wie Sie sind?

Ein Handicap – na und?

Nicht immer geht es nur um Schönheit, wenn ein Kind in seinem Äußeren nicht den gängigen Normen entspricht. Vielleicht ist es durch eine Wachstumsstörung viel zu klein geraten, hat ein verkrüppeltes Bein oder sonst ein Merkmal, das es ihm von vornherein unmöglich macht, bei dem üblichen Run auf optimales Aussehen und körperliche Fitness mitzuhalten. Eltern neigen dann leicht dazu, dieses Kind übermäßig zu beschützen – vor zu hohen Anforderungen, vor Hänseleien, vor mangelnder Rücksichtnahme und fehlendem Verständnis.

Aber Eltern sollten aufpassen, dass nicht alles, was das Kind erlebt und unternimmt, nur unter dem Aspekt der Behinderung gesehen wird. Denn außerhalb dieses einen Merkmals ist es ein ganz normales Kind mit Schwächen und vor allem Stärken, wie jedes andere Kind auch. Es wird erstaunliche Fähigkeiten entwickeln, mit diesem etwas anderen Körper sein Leben zu meistern. Es wird auf anderen Gebieten Leistungen zeigen, die allzu besorgte Eltern ihm nicht zugetraut hätten. Je mehr Selbstsicherheit es erwirbt, desto besser. Überbehütung aber behindert den Erwerb von Selbstsicherheit.

Ein gutes Beispiel für stärkendes Elternverhalten ist das Grimm'sche Märchen vom Daumesdick. Hier bekommen die Eltern ein Kind, das nicht größer ist als ein Daumen. Sie lieben und akzeptieren ihren Winzling von Sohn, so wie er ist. Sie trauen ihm zu, im Alltag trotz seines Mankos zurechtzukommen. Der Vater vertraut ihm sogar das Pferdegespann an, und der Kleine findet einen Weg es zu führen. Getragen vom Zutrauen seiner Eltern erreicht er durch Pfiffigkeit, was er durch körperlichen Einsatz nicht erreichen kann. Er begreift seine Winzigkeit nicht als Makel, sondern nutzt sie geschickt, um Größere und Dümmere zu überlisten. Lesen Sie's mal nach – es ist nicht nur eine sehr aufbauende Geschichte für benachteiligte Kinder, sondern auch eine gute pädagogische Leitlinie für Eltern.

5. Kinder müssen sich schmutzig machen

Kinder auf Werbefotos sehen meistens sehr adrett aus – rosig, hübsch gelockt und sauber gekleidet. Ihre und meine Kinder sehen, vor allem wenn sie von draußen hereinkommen, ganz anders aus: Das Haar zerzaust oder verschwitzt, mit Triefnase, schwarzen Fingern und verklebter Schnute. Will man jemandem einem Besuch abstatten, bei dem das Kind einen gepflegten Eindruck machen soll, hat man große Mühe, dass es so eintrifft, wie es zu Hause losgegangen ist. Kein Zaun, an dem es nicht entlangstreicht, kein Erdhaufen, den es nicht erklettert, kein Spielplatz, dem es nicht wenigstens einen kurzen Besuch abstatten muss. Eltern, die dann ständig mahnen »Pass auf, du machst dich schmutzig!«, ernten (hoffentlich) unwilligen Protest.

Dass Kinder sich ständig schmutzig machen, ist nicht nur unvermeidbar, sondern notwendig und förderlich für ihre Entwicklung. Von Menschen, die sehr neugierig sind, sagt man: »Sie stecken ihre Nase in jeden Dreck.« Neugier aber ist eine der wichtigsten Eigenschaften kleiner Kinder. Wer als Kind nicht Nase und Finger in jeden Dreck steckt, alles untersucht, alles anfassen und genau begucken will, hat weniger Chancen, ein kluger, kreativer, lebenspraktischer Erwachsener zu werden – er wird eher jemand, »der Angst hat, sich die Finger schmutzig zu machen«. Das ständige Achten auf saubere Hände und Kleidung bremst auch die Lebenslust. Kennen Sie auch Kinder, die beim fröhlichen Kindergeburtstagstreiben verlegen daneben stehen, weil sie sich nicht schmutzig machen sollen? Ist das nicht ein trauriger Anblick?

Iihh, wie schön!

Unsere Einstellung zur Reinlichkeit geben wir an unsere Kinder weiter, auch schon an die ganz kleinen. Selbstverständlich müssen wir das Baby sauber halten, es vor allem regelmäßig von den schmutzigen Windeln befreien, damit die zarte Haut nicht Schaden nimmt. Aber das können wir auf sehr unterschiedliche Weise tun. Sicher, oftmals drängt die Zeit und wir müssen das fix erledigen. Aber hätten wir nicht oft auch genug Zeit, das Auswickeln, das Säubern, die Nacktheit und das Wiedereinpacken zu einem kleinen Fest der Sinnlichkeit zu machen – mit schäkern und streicheln, mit allerlei Spiel und Spaß? So verbindet sich das Gesäubertwerden mit angenehmen Gefühlen, mit Zärtlichkeit und Wohlbehagen. Wenn wir aber rupfen und reißen, das »widerspenstige« Kind schimpfend festhalten, den Windelinhalt mit spitzen Fingern und angewidertem Gesichtsausdruck schnell beseitigen, dann werden für das Kind schon früh Schmutzigsein und Gesäubertwerden zu einer unlustvollen Angelegenheit.

In ihrer Unternehmungslust lassen sich kleine Kinder vom Hygienekult der Erwachsenen zunächst noch wenig beeinflussen. Sie finden ihren Körper interessant und annehmbar mit allem, was er hergibt. Und so kommt es vor, dass Eltern, die im Sommer ihr Kind mit nackten Beinchen, nur mit Windelhose ins Bett gelegt hatten, morgens eine unliebsame Überraschung erleben. Kleinkinder kennen keinen Ekel, wenn sie die eigenen Ausscheidungen untersuchen, sich damit beschmieren und sie in die Umgebung verteilen. Wir Erwachsenen finden das nicht akzeptabel. Kinder, die lernen, aufs Töpfchen zu gehen, haben schon gelernt, das Häufchen in Ruhe zu lassen. Aber sie möchten zumindest, wenn sie es uns stolz präsentieren, dass es ausgiebig bewundert und nicht sofort mit Äußerungen von Ekel in die Toilette gespült wird.

Kinder haben lange Freude an allem, was matscht und stinkt. Den Finger in den Po stecken und lustvoll gackernd daran riechen – haben Sie das nie gemacht? Allzu heftig geäußerter Widerwille oder gar Strafe müssen dem Kind suggerieren, dass etwas von ihm schmutzig, schlecht und unerwünscht ist. Das Gleiche gilt, wenn jedes Erforschen der eigenen Ausscheidungs- und Geschlechtsorgane mit einem Tabu belegt wird, mit »Pfui« und »Das tut man nicht«. Da diese Organe so eng benachbart sind, wird ein Tabu, das die Ausscheidungen meint, schnell auch zu einem »Pfui« für die Äußerungen sexuellen Interesses.

Auch wenn wir den Forscherdrang und die animalischen Gelüste der Kinder akzeptieren, werden wir doch versuchen, sie nach und nach vorsichtig in zivilisierte Bahnen zu lenken. Manschen können Kinder auch mit anderem Material als dem Inhalt ihrer Windel. Aber manschen müssen sie! Wer jemals Kinder am Strand oder auf einem Spielplatz mit Wasserquelle beobachtet hat, der weiß, mit wie viel Lust und Eifer sie bei der Sache sind. Diese Hingabe im Spiel mit weichem, formbarem Material zeigen sie später auch beim Formen von Knetmasse, Ton und Pappmaschee, beim Umgang mit Tapetenkleister oder Fingerfarben und auch beim Backen von Kuchen und Plätzchen. Ob das uraltes entwicklungsgeschichtliches Erbe ist? Auf jeden Fall ist es Ursprung vieler kultureller Errungenschaften. Ohne diese Lust hätten wir weniger Skulpturen und schöne Vasen, keine Schüsseln, Krüge oder Porzellan.

Eltern empfinden das Manschen oft als Sauerei, sie machen sich Sorgen um die Kleidung und fürchten einen klebrigen Fußboden. Aber es macht doch solchen Spaß! Kann man nicht lieber die Wohnung umgestalten, vor allem im Kinderzimmer Abwischbares bevorzugen, bis die Kinder aus dem »Ferkelalter« heraus sind? Oder wenigstens draußen im Garten oder in der Natur viele Möglichkeiten zum Manschen schaffen?

Die verlorene Lust am Dreck

Wir Erwachsenen haben uns daran gewöhnt, im Alltag und im Berufsleben stets auf Sauberkeit bedacht zu sein. Aber fehlt uns da nicht manchmal etwas? In einem meiner Seminare redete ich mit den Teilnehmern über Urlaubsträume. Ein Mann, der im Beruf ständig Schlips und Anzug tragen musste, erklärte seufzend: »Ich möchte drei Wochen lang mit Fahrrad und Zelt durch die Gegend ziehen, die ganze Zeit die gleichen Jeans tragen und leise vor mich hin stinken.« Mehrere aus der Gruppe wollten sofort mitfahren, andere konnten sich einen genussvollen Urlaub ohne morgendliche Dusche und täglich frischen Pulli nicht vorstellen.

Kennen Sie das schöne Gefühl, mit nackten Füßen im Modder herumzustapfen, so dass einem das nasse Zeug zwischen den Zehen durchquillt? Haben Sie sich mal am Strand mit nassem Sand beworfen oder gar darin gewälzt, bis sie aussahen wie die Erdferkel? Ich fürchte, viele Erwachsene haben vergessen, was für eine sinnliche Lust dabei aufkommen kann. Kinder kennen sie noch, die Lust am Dreck.

Wer sich selbst wirklich mag, der mag auch seinen Körper, so wie er ist. Er verliert sein Selbstwertgefühl nicht, wenn er mal schmutzige Kleidung trägt, er gerät auch nicht gleich in Panik, wenn er mal nicht nach Deo oder Eau de Toilette, sondern nach sich selbst riecht.

Wie viel Sauberkeit ist sinnvoll?

Versuchen wir doch einmal, ausgehend von diesen widersprüchlichen Positionen, zu klären, wo und wie viel Sauberkeit nötig ist, wie weit wir unsere Kinder gewähren lassen, uns womöglich von ihnen anstecken lassen können, und wo nicht.

▶ Sinnvoll ist Sauberkeit, wo sie Krankheiten vorbeugt, unseren Sinn für Ästhetik befriedigt oder das Leben erleichtert.

▶ Hinderlich können solche Regeln werden, wenn sie Menschen, vor allem Kinder, in ihren lebendigen Bedürfnissen eingrenzen.

Das wichtigste Argument für stete Sauberkeit ist meistens: Unsauberkeit ist unhygienisch, im Schmutz halten sich allerlei Krankheitserreger auf, die unsere Gesundheit bedrohen. Schlimme Seuchen sind erst durch die Verbesserung der Hygiene eingedämmt worden. Das war und ist sicher richtig, nämlich dort, wo Menschen in Armut und in elenden Behausungen viel zu eng aufeinander leben, wo sie zudem durch schlechte Ernährung wenig widerstandsfähig sind.

Wir haben heute in Mitteleuropa eher ein anderes Problem: Zu emsig benutzen wir Seife, Deos und Pflegemittel, die uns von den Kosmetikherstellern immer wieder wärmstens empfohlen werden. Aber unsere Haut besitzt einen natürlichen Schutzfilm, der sie vor dem Austrocknen bewahrt und der das Eindringen von Krankheitserregern verhindert. Mit all den Chemikalien, die wir auf unsere Haut schmieren, zerstören wir diesen Film oder bewirken, dass die Haut immer träger wird, diesen Schutzfilm neu zu bilden.

Die Haut kleiner Kinder ist noch besonders zart und anfällig. Deshalb ist weniger oft mehr. Kinderärzte empfehlen heute längst nicht mehr das früher selbstverständliche tägliche Bad. Ein weicher Waschlappen und klares Wasser für die »Problemzonen« genügen oft. Desinfektionsmittel haben, von Sonderfällen abgesehen, im Haushalt nichts verloren. Der übertriebene Gebrauch macht entweder die Erreger resistent oder den Körper unfähig, sich ihnen zu widersetzen. In den letzten Jahrzehnten haben Allergien bei Kindern immer mehr zugenommen und Wissenschaftler haben sich auf die Suche nach den Ursachen dieser Entwicklung gemacht:

Allergien sind heftige Reaktionen des Immunsystems auf bestimmte Stoffe in der Umgebung. Das Immunsystem hat die Aufgabe, gefährliche Krankheitserreger zu erkennen und so schnell wie möglich unschädlich zu machen. Husten, Schnupfen, auch Hautausschläge sind Anzeichen seiner Aktivität. Bei Allergien nun reagiert das Immunsystem der Betroffenen übertrieben heftig auf alle möglichen Stoffe, die an sich gar nicht gefährlich sind. Warum tut es das?

Die Schmuddelkinder-Hypothese

Eine Beobachtung brachte die Forscher einer Antwort näher: Kinder, die in nicht besonders sauberer Umgebung lebten, Kinder auf Bauernhöfen, Kinder, die in sehr großen Familien aufwuchsen oder schon früh in eine Krippe gegeben wurden, Kinder, die als Kleine häufig Erkältungskrankheiten hatten, litten später deutlich seltener an Allergien. Die Wissenschaftler zogen daraus den Schluss, dass das Immunsystem früh trainiert werden muss und dass es die Auseinandersetzung mit Krankheitserregern braucht, damit es nicht später überschießend auf harmlose Stoffe reagiert. Es ist also überhaupt nicht sinnvoll, Kinder ständig zu baden und ihre Umgebung so sauber und keimfrei wie möglich zu halten.

Andererseits können besonders anfällige Kinder auch dadurch eine Allergie entwickeln, dass sie zu früh einer zu geballten Ladung bestimmter Allergene ausgesetzt werden. Häufige Auslöser sind Hausstaub und Schimmel. Sinnvoller und effektiver als das Schrubben der Kinder und das Abtöten der Keime sind deshalb die Reduzierung von Staubfängern und die Beseitigung von Schimmelecken in der Wohnung. Wischbare Fußbodenbeläge statt Teppichböden, keine dicken Polster und schweren Vorhänge im Babyzimmer und häufiger Bettwäschewechsel sind sinnvolle Maßnahmen gegen frühe Allergien. Gegen Schimmel in unseren so vorbildlich wärmegedämmten Wohnungen hilft häufiges Lüften. Und das Kind gehört ohenhin täglich möglichst lange an die frische Luft.

Ein wichtiger Allergieauslöser ist auch Zigarettenrauch in der Wohnung – also?

Wenn Sie an diesen Stellen aktiv werden, können Sie Ihrem Dreckspatz auf dem Spielplatz die nächste Mahlzeit Buddelsand beruhigter gönnen. Meine Großmutter pflegte in solchen Fällen zu sagen: »Dreck reinigt den Magen.«

Wasser ist zum Waschen da

Wasser ist ein kostbares Gut, nicht nur zum Trinken und zur Reinigung. Welche Lust kann es bedeuten, morgens singend unter der warmen Dusche zu stehen. Und denken Sie an all den Luxus in Spaßbädern und Wellnessbereichen, an all die edlen Badezusätze, die man kaufen kann. Sich wohlig im warmen Wasser räkeln, das leise Plätschern genießen, das gönnen wir uns, wenn wir uns etwas Gutes tun wollen. So können wir auch das Baden für Babys gestalten – in ruhiger und entspannter Atmosphäre können wir es zärtlich streicheln und massieren. Da das Baden nicht mehr zur täglichen Pflichtübung gehört, können wir uns mehr Zeit nehmen für dieses schöne Ritual.

Trotzdem entwickeln viele Kinder zumindest phasenweise eine ausgesprochene Abneigung gegen Wasch- oder Badewasser, hassen das Kämmen oder lutschen die Zahnbürste nur ab, anstatt sie sachgemäß zu benutzen. Sich zu waschen oder waschen zu lassen kann Kindern Spaß machen, wenn es sich auch richtig lohnt, wenn das, was eben noch am Körper klebte, in schwarzen Schwaden durch den Abfluss der Dusche läuft. Oder wenn man in der Badewanne die neue Taucherbrille ausprobieren darf.

Heißt Baden bei Ihnen zu Hause kontrolliertes Abseifen mit zwangsweisem Haarewaschen und Seife in den Augen oder fröhliches Schiffchenfahren und Waschlappenschlacht? Zu zweit macht das natürlich viel mehr Spaß als allein, und das Kind des Nachbarn hat es ja vielleicht auch nötig. Auf Seife kann man bei so viel Bewegung im Wasser ruhig verzichten. Und Haare, die schwierig zu waschen sind und beim Durchkämmen ziepen, kann man einfach kurz schneiden.

Aber wie oft nötigen wir unsere Kinder, sich zu waschen, wenn sie gar keinen Schmutz sehen. Waschen als Pflichtübung, als Verneigung vor dem Willen der Erwachsenen, ohne Einsicht, warum das jetzt nötig sein soll. Da wird »nur so tun als ob« zum leisen Protest der Machtlosen. Abends sind Waschen und Zähneputzen außerdem Vorbereitung fürs lästige Schlafengehen. Es hinauszuschieben bedeutet länger Zeit zum Spielen zu haben.

Müssen wir uns also klaglos abfinden mit Triefnasen, klebrigen Fingerspuren auf Möbeln und in Bilderbüchern und dunklen Fußabdrücken in der Bettwäsche? Das wird nicht nötig sein. Wenn wir wenigstens versuchen, die Beweggründe unserer Kinder genauso ernst zu nehmen wie unsere eigenen, werden wir, auch beim Waschen oder Nichtwaschen, Kompromisse finden, mit denen beide Parteien leben und die Kinder gesund aufwachsen können. Eine Portion Humor kann da sehr hilfreich sein.

Und die Ästhetik?

Ein weiteres Argument sind die Ästhetik und die Wirkung auf andere. Gepflegt aussehende Menschen sind einfach ein angenehmerer Anblick. Auch gibt es Situationen, in die man sich besser nicht begibt, wenn man lange keine Gelegenheit zum Waschen, Kämmen, Umziehen hatte – zum Beispiel geht man ungepflegt nicht in ein Restaurant oder ins Theater, wo die Mitmenschen sich ästhetischen Genüssen hingeben möchten. Andererseits respektieren wir hier das Prinzip der Verhältnismäßigkeit. Wenn Handwerker in ihrer Pause in Arbeitskleidung mit fleckigem Gesicht und öligen Händen im Imbiss oder im Supermarkt erscheinen, finden wir das in Ordnung, solange der Schmutz nicht abfärbt.

Sehen wir das bei Kindern auch so? Kinder sind immer bei der Arbeit. Sie müssen die Welt erkunden. Und während ihrer Arbeitspausen müssen wir mit ihnen zum Einkaufen oder in den Bus. Ertragen wir also die Spuren dieser Arbeit!

Kinderkleidung ist Arbeitskleidung

Erzieherinnen im Kindergarten klagen oft, dass manche Kinder, hübsch herausgeputzt, mit der Forderung abgegeben werden, sich nicht so schmutzig zu machen. Den Eltern ist sicher nicht bewusst, dass sie damit die Entwicklung ihres Kindes ernsthaft behindern. Wenn Kinder immer bei der Arbeit sind, brauchen sie dazu auch die passende Berufskleidung. Deshalb muss Kinderkleidung so sein, dass man damit auch kleckern und manschen, draußen ins Gebüsch kriechen oder einen Abhang hinunterrutschen darf. Sie muss also einiges aushalten, darf beim Spielen die Bewegungsfreiheit nicht behindern und muss schnell zu waschen und wieder zu trocknen sein. Außerdem sollte sie einen Preis haben, bei dem die Neubeschaffung nicht so wehtut.

Wenn Sie also demnächst Ihren kleinen Dreckfinken aus dem Kindergarten abholen, ertragen Sie die Blicke mancher Leute im Bus oder die Sandspuren auf dem Autositz mit Gelassenheit. Freuen Sie sich darüber, dass er oder sie so intensiv gespielt hat. Sicher ist es verführerisch, ein kleines Mädchen süß herauszuputzen. Aber wem soll das nutzen? Steckt dahinter nicht eher das egoistische Motiv, dieses kleine Püppchen als eigenes Produkt von anderen bewundern zu lassen? Oder zu zeigen, dass man einen guten Geschmack hat oder es sich leisten kann?

Manchmal sind es freilich auch die kleinen Mädchen selbst, die auf Rüschen und weiße Strumpfhosen bestehen, obwohl die Mütter sie davon abbringen möchten. Das ist sicher ein echtes Dilemma, denn Kinder sollen auch die Freiheit haben, ihr Äußeres so zu gestalten, dass sie sich schön finden. Also darf ein Kind auch mal Kleidungsstücke haben, die nur zum Herumstolzieren geeignet sind, aber es wird hoffentlich schnell herausfinden, dass Herumstolzieren kein tagesfüllendes Programm ist. Ob es hilft, eine stabile Hose zum Wechseln mitzugeben? Oder das Mädchen trotz Rüschenröckchen zu ermuntern, auf Bäume zu klettern und auf Erfahrung zu setzen?

Ist schmutzig sein unanständig?

Ein weiteres Motiv, auf Sauberkeit und gepflegtes Äußeres stets streng zu achten, hat seine Wurzeln in unserer Geschichte und ist den meisten von uns nicht bewusst: Schmutzig zu sein und schlecht zu riechen war kennzeichnend für die Armen, die schwere, schmutzige Arbeit verrichten mussten. Sauber sein, gewaschene Kleidung und reine Fingernägel zu haben, war das Privileg der Begüterten, die Gelegenheit, Zeit und Geld genug hatten, sich zu pflegen. Sorgfältig manikürte und extra lange Fingernägel zum Beispiel zeigten an: Ich habe es nicht nötig, mir die Finger schmutzig zu machen. Wer erreichen wollte, dass sein Kind einmal in bessere Kreise aufsteigt, der musste auf Sauberkeit peinlich genau achten.

Aber es fällt auf, dass Sauberkeit oft auch mit Moral verknüpft wird. Als sauber bezeichnen wir nicht nur Kleidung und Hände, sondern auch Gedanken und Charakter. Wer unsauber ist, muss sich schämen, bei dem muss man auch sonst mit einigem rechnen. Ja, muss man das? Kann ich nicht ein Schlamphuhn und trotzdem ein anständiger Mensch sein? Schützt umgekehrt ein sauberer Kragen davor, ein Lump zu sein?

Die Verknüpfung von Sauberkeit und Moral ist uns aus prüderen Zeiten erhalten geblieben, in denen alles Körperliche als gefährlich und anrüchig galt. Der Körper musste verhüllt und verleugnet werden, man durfte ihn kaum sehen und bestimmt nicht riechen. Die sinnliche Lust, die man im ungehemmten Umgang mit dem Körper empfinden kann, die durfte nicht sein! »Sich rein halten«, »sittsam und rein sein«, das bedeutete nicht nur sorgfältiges Waschen, sondern auch das Meiden von Sinnenlust und deren gefährliche Nähe zur Sexualität. Menschen, die aufgrund einer sehr rigiden Erziehung glauben, »schmutzige« Gedanken, oft sexueller Natur, verbergen zu müssen, entwickeln manchmal den Zwang, sich unentwegt waschen zu müssen. Auch das macht den Zusammenhang sichtbar.

Halten wir also fest: Unsere Ansichten über Sauberkeit haben oft unbewusste, historisch bedingte Wurzeln. Um sie zu rechtfertigen, geben wir leicht Begründungen, die kritisch betrachtet aber nicht stichhaltig sind. Und gerade diese unbewussten Anteile sind es, die uns beim Thema Sauberkeit oft rigider reagieren lassen, als es vernünftig und vor allem unseren Kindern zuträglich ist.

Mehr Gelassenheit

Ich wünsche Eltern mehr Gelassenheit beim Umgang mit dem zeitweise gestörten Verhältnis ihrer Kinder zu Wasser und Seife. Kein Kind wird krank, wenn es mal abends ungewaschen ins Bett geht. So wichtig es auch sein mag, sich regelmäßig die Zähne zu putzen, die Welt geht nicht unter, wenn es mal »vergessen« wird. Zwar ist eingeübte Regelmäßigkeit hilfreich und wünschenswert, aber durch gar zu strenge, womöglich noch mit Moral unterlegte Regeln erreiche ich leicht, dass das Kind bockig wird und Vernunftgründen nicht mehr zugänglich ist. Auf längere Sicht wird es sich dann vor dem Waschen und Zähneputzen häufiger drücken, als wenn ich gelegentliche Ausnahmen augenzwinkernd toleriere.

6. Raus aus den Windeln

Irgendwann zwischen zwei und fünf Jahren werden (fast) alle Kinder sauber, ob die Erwachsenen darum nun ein großes Bohei machen oder nicht. Aber so mancher ideologische Streit wird darüber geführt, ab wann ein Kind auf den Topf zu setzen sei und wann es anständigkeitshalber ohne Windeln auszukommen habe. Der dicke oder dünne Kinderpopo (»Was, immer noch Windeln???«) wird manchmal zum Gütekriterium elterlicher Erziehungskunst hochstilisiert.

Ich finde es verständlich, dass unsere Großmütter, die weder Wegwerfwindeln noch eine Waschmaschine hatten, viel Energie darauf verwandten, ihre Kinder möglichst früh sauber und trocken zu bekommen. Mit den heutigen Windeln aber gibt es dazu wirklich keinen Grund mehr. Oder höchstens den ökologischen, dass all die schmutzigen Windeln ja auch entsorgt werden müssen.

Dass man auch Windelnsparen und Gelassenheit unter einen Hut bringen kann, habe ich unlängst auf einer China-Reise erlebt. Dort tragen viele Kleinkinder Hosen, die hinten ein großes, rundes Loch haben, manchmal sogar noch schön mit Blütenblatt-Applikationen rundum verziert. Im Bedarfsfall halten Oma oder Opa, die dort meistens mit dem Enkelkind unterwegs sind, es einfach an einen Busch oder über den nächsten Papierkorb!

Wann von Kindern erwartet wird, dass sie ihre Ausscheidungen erfolgreich kontrollieren, ist auch von der Kultur abhängig, in der das Kind aufwächst. In den Jahrzehnten, die ich in der Erziehungsberatung tätig war, ist das Alter, in dem man die Beherrschung der Schließmuskeln erwartete und jenseits dessen man von behandlungsbedürftigem »Bettnässen« sprach, nach und nach erheblich angestiegen. In den Zeiten der deutschen Teilung wurde das Saubersein im Osten viel früher erwartet und trainiert als im Westen.

Bei dem Wettbewerb um möglichst frühe Windelfreiheit spielen nicht nur praktische, sondern auch ideologische, in der Vergangenheit wurzelnde und den meisten Eltern nicht bewusste Gründe eine Rolle. Das Beherrschen des Leibes durch den Willen galt im Rahmen einer prüden, körperfeindlichen Moral als eine kulturelle Leistung, die so früh wie möglich erreicht werden musste. Dies war Merkmal für die Qualität der mütterlichen Erziehung. Auch deshalb setzten Mütter damals ihren besonderen Ehrgeiz in die Sauberkeitserziehung ihrer Kinder.

Der Eifer, den viele Eltern noch heute bei der möglichst frühen Sauberkeitserziehung entwickeln, ist vollkommen unnötig. Kinder werden auch dann sauber, wenn man einfach wartet, bis sie selbst das Bedürfnis haben, die Windel loszuwerden und auf den Topf oder die Toilette zu gehen. Ja, es gibt sogar Anhaltspunkte dafür, dass Kinder, die besonders lange in die Hosen machen, oft früher und eifriger auf Sauberkeit trainiert worden sind als andere.

Manchmal sind es auch die Erzieherinnen in Krippe oder Kindergarten, die erwarten, dass ein Kind, das man ihnen anvertraut, mit drei oder sogar mit zwei Jahren tagsüber trocken und sauber bleiben kann. Das ist sicher bequemer. Trotzdem sollten Eltern sich dadurch nicht unter Druck setzen lassen, sondern selbstbewusst erklären, ihr Kind sei eben noch nicht so weit. Wählen Sie, wenn Sie es sich aussuchen können, lieber einen Kindergarten, in dem solch eine Forderung gar nicht erst gestellt wird.

Eltern können den Erzieherinnen die Arbeit erleichtern, indem sie einen Pool von Windeln, Ersatzhosen und Unterhöschen mitgeben und nicht erwarten, dass ihr Kind immer nur in der eigenen Wäsche nach Hause kommt. Dann lässt sich das Ganze viel lockerer handhaben.

Nicht alle sind gleich

Fast alle Kinder können erst nach dem zweiten Geburtstag überhaupt ihre Schließmuskeln willkürlich beherrschen – die einen früher, die anderen später. Mit zwei, drei oder vier Jahren lernen fast alle, erst das große, dann das kleine Geschäft willkürlich zu erledigen, die meisten werden erst tagsüber, dann auch nachts trocken. Rückfälle gibt es auch noch bei älteren Kindern häufig, zum Beispiel bei Fünfjährigen, wenn sie erkältet, aufgeregt oder sehr in ein Spiel vertieft sind. Und ein gelegentliches nächtliches Malheur passiert auch so manchem Sechsjährigen noch. Im Eifer des Spiels überschätzen gerade ältere Kinder oft ihre Fähigkeit, den Harn willkürlich anzuhalten. Viel zu spät rennen sie dann los, und oft passiert das Malheur dann vorzeitig beim Herunterzerren der Hosen.

Wann ein Kind frühestens sauber sein kann, ist mehr von der Reife seines Nervensystems abhängig als von den Erziehungstalenten seiner Eltern. Ich will das am Beispiel der Blasenkontrolle erklären. Dies gilt ähnlich für die Kontrolle des Stuhlgangs, nur wird das seltener zum Problem.

Die Kontrolle der Blase ist ein recht komplizierter Steuerungsvorgang, der in verschiedenen Schritten unterschiedlich schnell erworben wird:

▶ Kinder unter einem Jahr urinieren etwa 20-mal am Tag, ohne es wahrzunehmen oder beeinflussen zu können.
▶ Ein- bis Zweijährige urinieren nur noch etwa 10-mal am Tag. In dieser Zeit lernen sie, den Urindrang zu empfinden und können die Entleerung für einen Moment anhalten. Aber sie können nur willentlich Wasser lassen, wenn die Blase wirklich voll ist.
▶ Zwei- bis Dreijährige können das Urinieren schon etwas länger aufhalten und es auch unterbrechen.
▶ Ein vierjähriges Kind muss nur noch 6- bis 8-mal am Tag, es hat aber immer noch Schwierigkeiten, absichtlich und bei nicht ganz voller Blase zu urinieren.
▶ Erst ab etwa sechs Jahren kann ein Kind willentlich und bei fast jeder Blasenfüllung Wasser lassen.

Es ist daher wenig sinnvoll, ein Kind schon mit weniger als zwei Jahren auf den Topf zu setzen. Es kann in diesem Alter absichtlich noch nicht leisten, was die übereifrigen Eltern erwarten.

Pawlow'sche Hunde

Wenn Sie allerdings genau beobachten, wann Ihr Kind erfahrungsgemäß Stuhlgang hat oder sich häufiger nass macht, und es zu diesen Zeiten regelmäßig auspacken und auf den Topf setzen, können Sie einen Reflex antrainieren und das meiste abfangen. Eine bewusste Leistung des Kindes ist das allerdings nicht, eigentlich gleicht es einer Dressur, die genaue Beobachtung und strikte Regelmäßigkeit verlangt. Ihr Kind reagiert wie der berühmte Pawlow'sche Hund – das Auspacken, Auf-den-Topf-Setzen und der kalte Popo führen automatisch zur Entleerung der Blase – wenn man Glück hat! Sobald die äußeren Bedingungen nicht mehr stimmen, wenn das Kind zum Beispiel irgendwo zu Besuch ist, geht alles wieder in die Hosen. Besonders ungerecht ist es, das Kind für so einen Fehlschlag zu schelten oder gar zu bestrafen, weil es gar nicht leisten kann, was Sie von ihm verlangen.

Der mütterliche Eifer, alles mit dem Topf aufzufangen, kann sehr stressig werden – für Mutter und Kind. Stellen Sie sich zum Beispiel vor, Sie sind auf einer fröhlichen Familienfeier, beobachten aber ständig mit einem Auge, ob Ihr Kind »drückt«, um ihm dann, womöglich mehrmals, die Kleider vom Leib zu reißen, weil Sie meinen, jetzt kommt's. Aber weil alles so anders ist als sonst, kommt's jetzt gar nicht.

Manchmal werden Kinder bei solchen Prozeduren auch trotzig. Weil ihnen das ständige Ausziehen und Auf-den-Topf-Setzen zuwider ist, ziehen sie sich bei Bedarf lieber in eine ruhige Ecke zurück und drücken dort hingebungsvoll in die Hose. Daraus kann ein für beide Seiten aufreibender und völlig unnötiger Machtkampf entstehen.

Ist die ganze Sache ein solches Theater wert? Warten Sie lieber ab, bis Sie merken, dass Ihr Kind sich für seine Ausscheidungen interessiert und dass es bewusst wahrnimmt, was da jetzt gerade passiert. Nehmen Sie es, wenn Ihr Schamgefühl das zulässt, ruhig mit, wenn Sie auf die Toilette gehen. Kleine Kinder möchten gern nachmachen, was andere tun.

Die Aufmerksamkeit des Kindes auf seine Ausscheidungen zu lenken ist im Frühling und Sommer viel leichter als im Winter, wenn der Segen wohlig warm ins dicke Windelpaket läuft. Im Frühling hat das Kind nur dünne Baumwollhosen an und im Sommer läuft es vielleicht nackt im Garten oder am Strand herum. Dann kann es sich und seine Ausscheidungen viel besser beobachten. Warten Sie also getrost auf den nächsten Frühling. Sie versäumen nichts.

Warum frühe Dressur schaden kann

Es wird oft darüber gestritten, ob und warum eine frühe und rigide Sauberkeitserziehung dem Kind schaden kann. Ich will die wichtigsten Argumente kurz darstellen:

▶ Wenn man mit der Sauberkeitserziehung zu früh beginnt, wird eine Leistung abverlangt, die das Kind willentlich noch nicht erbringen kann. Es muss regelmäßig auf dem Topf sitzen, ohne begreifen zu können, warum. Es sitzt dort nicht, weil es selbst sauber werden möchte, sondern weil die Eltern es wollen – so wird ein Kind folgsam, aber nicht selbständig.

▶ Wird das Kind bei Misserfolg getadelt oder gestraft, fühlt es, dass es den Eltern so, wie es ist, nicht recht ist. Es fühlt sich falsch, ohne zu wissen, warum. Dadurch leidet sein Selbstwertgefühl, es kann verzagt und ängstlich werden.

▶ Wenn die Eltern mit zu viel Ekel und Abscheu auf volle Windeln reagieren, lernen kleine Kinder, einen Teil von sich als schmutzig und unanständig zu erleben. Sie verlieren die unbefangene Freude am eigenen Körper und entwickeln vielleicht selbst einen übertriebenen Ekel vor allem Weichen, Schmierigen, »Schmutzigen«.

▶ Sie können die abwehrenden Reaktionen der Eltern auch auf alles beziehen, was mit der ganzen Körperregion zu tun hat. Auch alles Sexuelle gilt ihnen dann als schmutzig und unanständig, denn Ausscheidungs- und Sexualorgane sind ja sehr eng benachbart.

▶ Umgekehrt lohnt es für Eltern, die eine übertriebene Abscheu vor den Ausscheidungen ihrer Kinder haben, sich selbst ein paar kritische Fragen zu stellen. Spielen dabei vielleicht ihre eigene Sauberkeitserziehung oder ihre eigene Einstellung zur Sexualität eine Rolle? Durch bewusstes Nachdenken, vielleicht auch durch Gespräche mit anderen, können sie daran durchaus etwas ändern.

▶ Bei übertriebener Sauberkeitserziehung nehmen die »Dressur«, der Topf, die Erfolge und Misserfolge einen zu großen Raum ein. Das Thema wird zum Mittelpunkt des Kinderalltags.

▶ Ein pfiffiges Kind erkennt bald, welches Machtmittel sich ihm da bietet. Sobald es gelernt hat, seine Ausscheidungen willkürlich zu beherrschen, kann es seine Eltern damit bestrafen oder belohnen, zum Beispiel kann es Trotz und Wut ausdrücken, indem es absichtlich in die Hosen macht.

Nichts davon muss zutreffen. Es kann auch sein, dass ein früh auf Sauberkeit dressiertes Kind trotzdem selbstbewusst und fröhlich heranwächst. Aber ist die Sauberkeitserziehung ein solches Risiko wert?

Ein nasses Bett ist kein Beinbruch

Die nächtliche Blasenkontrolle ist für das Kind eine besonders schwierige Aufgabe. Die Blase muss eine bestimmte Größe erreicht haben und darin trainiert sein, auch größere Urinmengen aufzunehmen und für längere Zeit festzuhalten. Außerdem muss das Kind den Spannungszustand der vollen Blase als Weckreiz wahrnehmen. Untersuchungen legen den Schluss nahe, dass Kinder, die ungewöhnlich lange nachts ins Bett machen, oft besonders tief schlafen und nur schwer aufzuwecken sind. Auch Vererbung scheint beim Bettnässen eine Rolle zu spielen. Überlegen oder fragen Sie mal – gibt es noch jemanden in der näheren Verwandtschaft, der besonders lange nachts ins Bett gemacht hat?

Macht Ihr Kind noch lange gelegentlich nachts ins Bett, machen Sie ihm bitte keine Vorwürfe. Es macht das nicht mit Absicht. Bestimmt hätte es das Bett auch lieber trocken gelassen. Legen Sie in Zukunft ein großes Gummituch unter, für alle Fälle. Und fragen Sie sich, ob Sie gerne für etwas verantwortlich gemacht werden, das Ihnen nachts im Schlaf passiert ist.

Eltern, deren Kind ungewöhnlich lange nachts ins Bett macht, konzentrieren sich oft zu sehr auf dieses eine Problem. Vielleicht drücken sie ihm sogar einen ganz und gar entmutigenden Stempel auf, indem sie sagen:»Mein Kind ist ein Bettnässer.«

Die Aufmerksamkeit wird dann zu wenig auf das gerichtet, was das Kind alles Positives kann. Wenn das Kind diese negative Sicht auf sich selbst übernimmt, hat das böse Folgen für sein Selbstwertgefühl.

Nach den Erfahrungen von Erziehungsberatern sind lange einnässende Kinder oft scheu, ängstlich und wenig selbstbewusst. Das ist mit großer Wahrscheinlichkeit die Folge dieser eingeengten Sichtweise. Die Eltern machen Vorwürfe oder zeigen sich zumindest verunsichert und besorgt. Viele Eltern schwanken zwischen Nachsicht und Strenge.

Das Kind beginnt sich für sein »Versagen« zu schämen. Es zieht sich zurück, hat zum Beispiel Angst, bei Freunden zu übernachten, meidet Ausflüge oder andere Unternehmungen, bei denen es fürchten muss, ihm könnte ein Malheur passieren. Es gerät in einen Teufelskreis aus Rückfällen und Entmutigung. Jeder Rückfall macht es traurig und mutlos, Entmutigung wiederum ist der Nährboden für weitere Fehlschläge.

Einem solchen Kind – und auch seinen Eltern – hilft es oft schon, wenn es auf einem Kalender die »erfolgreichen« Tage bunt ausmalen darf. Die »nassen« bleiben leer, werden nicht weiter beachtet. Das lenkt die Aufmerksamkeit mehr auf die Erfolge und macht wieder Mut. Ist es nicht erfreulich, wie viele bunte Bilder der Kalender hat?

Hat das Kind Probleme?

Bei sehr lange einnässenden Kindern, erst recht wenn sie zwischendurch schon eine Weile trocken waren, liegt die Frage nahe, ob sie vielleicht seelische Probleme haben. Denn so diffizile Steuerungsvorgänge wie die Blasenkontrolle können durch seelische Belastung leicht aus dem Gleichgewicht geraten. Sprichwörtlich kennen wir ja alle die Feststellung, dass man sich »vor Angst in die Hosen machen« kann.

Die klassische Situation für einen solchen »Rückfall« ist die Geburt eines Geschwisterkindes. Das Ältere reagiert tief verunsichert auf die intensive Zuwendung, die die Eltern diesem Neuankömmling zukommen lassen. Weil es auf einmal gar nicht mehr erstrebenswert erscheint, groß und selbständig zu sein, fällt manches ältere Kind auch sonst in der Entwicklung zurück, es nuckelt wieder mehr, spricht schlechter, es benimmt sich wieder »wie ein Baby«.

Hier ist das Geschick der Eltern gefordert, diese tiefe Verunsicherung aufzufangen, auch dem Älteren zu zeigen, wie lieb sie es haben. Und ihm vielleicht die eine oder andere »Extrawurst zu braten«, für die das Baby einfach noch zu klein ist. Vielleicht kann das

Ältere ja für eine Weile Papas besonderer Liebling sein, von Papa besonders verwöhnt werden, solange das Kleine Mamas ständige Aufmerksamkeit braucht.

Es gibt noch viele andere Anlässe, die dazu führen können, dass ein Kind wieder anfängt einzunässen: Ein Krankenhausaufenthalt, ein Umzug, die Trennung der Eltern, Probleme im Kindergarten oder in der Schule. Wenn Eltern die Gründe für die kindliche Verunsicherung oder seelische Verletzung begreifen und gezielt versuchen, dem Kind wieder Sicherheit zu geben, ihm zu Erfolgserlebnissen und einer optimistischen Sicht zu verhelfen, dann verliert sich das Problem wahrscheinlich von selbst wieder. Gelingt das bei Ihnen nicht, sind Sie weiterhin besorgt, lassen Sie sich am besten von einer Familienberatung helfen.

Dass seelische Probleme beim langen Einnässen eine Rolle spielen können, heißt wiederum nicht, dass jedes Kind, das ungewöhnlich lange ins Bett macht oder zu Rückfällen neigt, seelische Probleme haben muss. Die Probleme entstehen oft erst, wenn Kinder wegen ihres Einnässens gehänselt, gedemütigt oder bestraft werden. Helfen Sie Ihrem Kind, selbstbewusst und fröhlich zu bleiben, und nehmen Sie das gelegentliche kleine Malheur nicht so wichtig.

7. Freude am Essen ist Freude am Leben

Viele Erwachsene haben zum Essen ein gestörtes Verhältnis. Sie verbinden Essen viel weniger mit Genuss als mit Kontrolle. Nur nichts Ungesundes essen, Kalorien zählen, auf die Linie achten. Dicksein, so meinen sie, ist Disziplinlosigkeit. Und die Werbung tut ein Übriges. Wer Erfolg haben will, muss superschlank sein, zumindest als Frau. Barbie und Co machen das schon den kleinen Mädchen klar. Und eine Mama, die immerzu »auf Diät« ist, auch. Und so fühlen sich immer mehr junge Mädchen nur noch gut, wenn sie bis hin zur Magersucht die totale Kontrolle über ihr Essverhalten haben. Oder sie schwanken – wie bei der Bulimie – hilflos zwischen Wollen und Müssen hin und her, zwischen unkritischer Fressgier und dem Bedürfnis, ja nicht die Kontrolle über Gewicht und Kalorienzufuhr zu verlieren.

Kennen Sie die dicke, fröhlich lachende Gestalt, die oft im Eingangsbereich chinesischer Restaurants steht? Der Buddha lacht. Er lacht über all die irdischen Sorgen, die sich die Menschen oft ganz unnötig machen. Und er isst offenbar mit Begeisterung. »Dicke Leute sind gemütlich«, sagt auch bei uns der Volksmund.

Aber sind wir nicht alle in Gefahr, zu dick zu werden? Und ist das ist nicht in erster Linie kein ästhetisches, sondern ein medizinisches Problem? Müssen wir deshalb nicht schon aus gesundheitlichen Gründen auf die schlanke Linie achten? Sollten wir nicht die Vernunft über die Lust am Essen stellen?

Leider ist beides richtig. Es ist an uns, zwischen diesen beiden Wahrheiten einen praktikablen Umgang mit dem Essen zu finden und beides, die Lust und die Vernunft, gleich wichtig zu nehmen. Diese lebensfreundliche Haltung können wir dann auch an unsere Kinder weitergeben.

Oft hilft der Blick in andere Kulturen oder andere Zeiten, um ein bisschen kritischen Abstand zu gewinnen. Was als schön empfunden wird und was nicht, ist relativ. In orientalischer Tradition musste eine Frau rund sein, um als attraktiv zu gelten. Und auch die Schönheiten, die Rubens gemalt hat, waren alles andere als schlank. Das klapperdürre Ideal ist erst mit den Models der letzten Jahrzehnte über uns gekommen.

Wo viel Hunger herrscht, zeugt Dicksein von Wohlstand. Unsere Vorliebe für rundliche Kleinkinder stammt noch aus mageren Zeiten. Das Kind soll »was zum Zusetzen« haben. Als es den Menschen nach dem Zweiten Weltkrieg und den großen Hungersnöten wieder besser ging, war es ein Zeichen von Wohlstand schlechthin, sich »gutes« Essen leisten zu können. Süßigkeiten für alle – das war die Demokratie, die sich die Menschen wünschten. Dann kamen die Warnungen der Ärzte vor den bösen Folgen von ungesunder Nahrung und die Idealvorstellungen vom schönen Schlanksein. Und jetzt tun viele – vor allem Frauen – in der Gegenrichtung des Guten zu viel. Jeder Bissen wird ängstlich auf seinen Kaloriengehalt geprüft, eine Diät folgt auf die andere. Haben sie sich damit zu sehr unter Stress gesetzt, futtern sie sich den heruntergehungerten Speck gleich wieder an. Der Körper, gerade daran gewöhnt, mit wenig zurechtkommen zu müssen, legt eifrig neue Reserven an. Deshalb fangen die Betroffenen einige Zeit später erneut eine Diät an. Mit dem gleichen (Miss-)Erfolg. Das nennt man dann den »Jojo-Effekt«. Wo bleibt dabei die Lust am Essen?

Ärzte und Therapeuten, die sich mit Essstörungen befassen, sehen im ständigen Kontrollieren des Essens eine Gefahr. Häufig sind solche Verhaltensweisen eine Vorstufe zu einer ernsthaften Essstörung. Kaum noch ein Ernährungsfachmann empfiehlt strenge Diäten zum Abnehmen, weil die Gegenbewegung, der Misserfolg, vorhersagbar ist. Um es deutlich zu sagen: Gesundheitsschädlich ist nach neueren Untersuchungen nicht die Rundlichkeit, mit der sich die oder der Betroffene ringsherum wohlfühlt – wenn ihr oder ihm nicht eingeredet wird, sie seien zu dick. Bis zu einem Body-Mass-Index von 28 lassen sich negative Einflüsse auf die Gesundheit nicht nachweisen. Gesundheitsschädlich, hinderlich und lebensverkürzend ist erst die Fettleibigkeit mit einem BMI von über 30. Mehr Bewegung und eine abwechslungsreiche Ernährung mit weniger Fett und Zucker sind zum Erhalt eines gesunden Gewichts effektiver als Diäten. Aber wenn Sie, gegen alle

Vernunft, gelegentlich die Gier nach einem Eisbecher mit Sahne packt, dann essen Sie ihn. Das ist die pure Lust am Leben! Ständiger Verzicht macht miesepetrig.

Dünne Kinder und die Angst der Mütter

Wenn Kinder das Babyalter hinter sich gelassen haben, wenn sie ausgiebig laufen, rennen und klettern, sind viele Kinder einige Jahre hindurch ausgesprochen dürr. Dann sorgen sich vor allem die Mütter, weil die Kinder nicht genug und nicht das »Richtige« zur richtigen Zeit essen wollen. Sie fürchten, dass die Kleinen ohne diese ständige Fürsorge nicht ausreichend und nicht gesund ernährt werden. Ein mageres Kind zu haben, ist für sie ängstigend und kränkend. Die Leute könnten ja denken, das arme Kind werde nicht ordentlich versorgt.

Dabei machen den Kinderärzten die dickeren Kinder viel größere Sorgen. Aus kleinen Dicken werden nach ihren Erfahrungen meistens große Dicke mit den damit verbundenen gesundheitlichen Risiken. Die kleinen Dünnen dagegen, so hat es die Ärztin meiner Kinder mal ausgedrückt, »sind zäh wie Lappleder«.

Hunger und Appetit als gute Wegweiser

Die meisten Sorgen der Eltern um die ausreichende Ernährung ihrer Kinder sind überflüssig. Auch wenn man nicht ständig darauf achtet, dass es zur rechten Zeit die richtigen Speisen in der richtigen Menge zu sich nimmt, wird kein gesundes Kind verhungern. Der Suppenkaspar verhungerte nicht, *obwohl* sich seine Eltern so sehr bemühten, sondern *weil* sie das taten. Erst die Art, wie wir unsere Kinder füttern, erst das erzieherische Drum und Dran bereitet den Boden für manche Probleme mit dem Essen, die mit der Nahrungsaufnahme an sich gar nichts oder wenig zu tun haben.

Ein Kind, das eine Mahlzeit verweigert hat, hat zur nächsten gehörigen Hunger. Kinder dagegen, denen die Mutter mit jedem Häppchen nachläuft, sind nie richtig hungrig. Sie lernen nur, dass sie der Mutter mit Essen einen Gefallen tun und sie mit Nichtessen ärgern können. Sie koppeln das Essen von den Signalen ihres Körpers ab – mit ungünstigen Folgen.

60

Hierzu gebe ich den Bericht einer Mutter wieder, die drei inzwischen herangewachsene Söhne hat:

»Bei meinen ersten beiden Jungen war ich sehr eifrig. Ich las Bücher über richtige Ernährung und versuchte es besonders gut zu machen. Es war eine Plage! Ich strampelte mich ab, aber die Kinder wollten meist nicht essen. Als ich dann den zweiten einmal meiner Kinderärztin vorführte und sie fragte, was ich denn bloß tun könnte, damit dieses spindeldürre Kerlchen etwas mehr Speck auf die Rippen kriegt, antwortete sie lachend: »Wickeln Sie ihn doch in eine Speckschwarte.«

Beim dritten Kind schaffte ich es einfach nicht mehr, mich mit so viel Eifer um seine Ernährung zu sorgen. Es ist sogar ein paarmal passiert, dass wir abends erschrocken feststellten, dass wir das arme Kind ja ohne Abendessen ins Bett gebracht hatten.

Dieser Sohn hat mit dem Essen nie Probleme gehabt. Er hat sich früh angewöhnt, sich zu melden, wenn er Hunger hatte, und er hat gelernt, sich selbst die passende Menge zu nehmen und das auszuwählen, worauf er Appetit hatte.

Freilich konnte da von Ausgewogenheit nicht die Rede sein, jedenfalls kurzfristig nicht. Es gab immer wieder Moden, die Wochen oder gar Monate dauerten. Phasen, in denen er Fleisch grundsätzlich ablehnte, wechselten mit anderen ab, in denen er am liebsten nur Fleisch gegessen hätte. Zeiten, in denen er mit einer Büchse voller Grünzeug in die Schule zog, wechselten mit solchen ab, in denen nur trockene Brötchen und Dauerwurst gefragt waren. Aber wenn ich mir den Jungen heute so ansehe, ist er sicher weder fehl- noch unter- oder überernährt. Er ist der Sportlichste und Kräftigste von uns allen.«

Diese Mutter hat das Gleiche festgestellt, was Untersuchungen seit Jahrzehnten immer wieder gezeigt haben: Schon kleine Kinder, denen man in der Zusammenstellung ihrer Ernährung freie Wahl bei einem vielseitigen Angebot guter Nahrungsmittel lässt, essen zu einzelnen Mahlzeiten oft extrem einseitig, auf längere Sicht aber erstaunlich ausgewogen und ihren Bedürfnissen angepasst.

Langzeitstudien aus den USA haben ergeben, dass schon Säuglinge von Geburt an ihre Nahrungsaufnahme selbst regeln können. War die Milch bei einer Mahlzeit besonders nährstoffreich, tranken sie bei der nächsten entsprechend weniger. Bis zum Alter von etwa vier Jahren bleibt diese »Körperintelligenz« erhalten, danach geht sie den meisten nach und nach verloren. Äußere Einflüsse wie das Essverhalten der Familie, der Freunde, Medien und Werbung gewinnen zunehmend an Einfluss. Auch die Art, wie unserere Lebensmittel aufbereitet werden, zum Beispiel die starke Anreicherung mit Zucker in Limonaden, bringt diese Fähigkeit zur Selbstregulation durcheinander. Die Forscher vermuten aber, dass sich die Körperintelligenz erhalten und fördern lässt, wenn Kinder zu Hause, im Kindergarten und in der Schule ein reichhaltiges Angebot bekommen, aus dem sie selbst auswählen können, was und wie viel sie essen. In Deutschland gibt es erste Kindergärten, die diesen Empfehlungen folgen und den Kindern das Mittagessen nach diesen Prinzipien anbieten.

Essen muss man nicht, essen darf man

Eltern trauen Kindern oft nicht zu, dass sie selbst am besten wissen, wie viel Essen sie brauchen und wann sie genug haben. Sie mahnen und locken – »noch einen Löffel«, »noch ein Stückchen«. Oder es muss aufgegessen werden, was auf dem Teller ist. So verlernt das Kind, auf sich selbst zu hören und gewöhnt sich an die Kontrolle von außen. Und später wird dann gegessen, solange noch Chips in der Tüte sind.

Die übertriebene Kontrolle dessen, was Kinder zu sich nehmen, macht das Essen – essen müssen, essen dürfen, nicht essen sollen – zu einer Frage von Macht und Widerstand, von Kontrolle und Übertretung. Die Süßigkeiten, die sie nicht haben sollen, reizen Kinder besonders, das ach so gesunde Gemüse – schon aus Trotz – viel weniger. Wenn Kinder hin und wieder mal ihrer Gier nachgeben und Ungesundes essen dürfen, bis sie genug haben, werden sie sich leichter freiwillig mäßigen.

Essen sollte eine Lust sein, keine Pflicht. Auch das Kind sollte essen, weil es Hunger hat, nicht, weil Mama es will. Wenn die Familie fröhlich und unbelastet beisammen sitzt, probieren auch die meisten Kinder von dem, was sie andere essen sehen. Und wenn nicht, dann eben nicht. Der Hunger, der sich einstellt, wenn man zu leichtfertig nein gesagt hat, ist das beste Korrektiv. Kein gesundes Kind verhungert freiwillig, wenn es essen darf, nicht muss.

Ich finde es deshalb wichtig, Kindern das Essen nicht ungefragt aufzudrängen, sondern sie möglichst oft zu fragen: »Hast du Hunger?«, »Was möchtest du essen?« Sie sollen angehalten werden, in sich hineinzuhorchen, auf ihre Bedürfnisse zu achten. Sie haben einen angeborenen Wegweiser, der möglichst lange erhalten bleiben sollte.

Auch wenn ein Kind über längere Zeit bestimmte Speisen kategorisch ablehnt, kann das gute Gründe haben. Wenn uns Erwachsenen mal vom Essen übel ist, zeigt doch ein Widerwille gegen eine bestimme Speise oft an, was vom Gegessenen diese Übelkeit verursacht hat – wir müssen nur darauf achten.

Mütter tun beim Bemühen um die gesunde Ernährung ihrer Kinder oft zu viel des Guten und erreichen damit das Gegenteil des Erwünschten.

»Warum sind bloß all die guten Vitamine in Sachen versteckt, die man nicht essen mag?« So oder so ähnlich klagt Karlsson vom Dach in Astrid Lindgrens Geschichte. Ich frage mich allerdings: Stecken die Vitamine wirklich ausgerechnet in Speisen, die Kindern nicht schmecken, oder schmecken sie den Kindern nicht, weil wir Erwachsenen sie ständig damit traktieren? Überlegen Sie mal: Wenn Sie wissen, dass Sie eine bestimmte Speise unbedingt aufessen müssen, weil sie sonst schlecht wird, haben Sie dann nicht auch gleich weniger Appetit darauf?

Es kommt nicht darauf an, die Nahrungsaufnahme des Kindes perfekt zu kontrollieren, sondern ihm ein abwechslungsreiches und attraktives Angebot zu machen. Möchte ein Kind jeden Tag Pommes, weil es nichts anderes kennt, dann ist das sicher einseitig. Wählt es aber aus einem reichen Angebot immer wieder das Gleiche, dann wird es seine Gründe dafür haben. Ich kann es beraten, anregen oder versuchen, es durch mein Beispiel zu verführen, zwingen sollte ich ein Kind nicht. Kinder sollten die Freiheit haben, Speisen, die ihnen nicht schmecken, auch nicht essen zu müssen.

Selbstverständlich hat die Wahlfreiheit ihre Grenze, denn praktikabel sollte die Zubereitung ja auch sein. Die Essensvorbereitungen sollen ja nicht so viel Zeit in Anspruch nehmen, dass zum Vorlesen, Spielen, Rausgehen keine Zeit mehr bleibt.

Über das Recht, zwischen den Mahlzeiten etwas zu essen, gibt es in manchen Familien erbitterte Streitigkeiten. Aber wenn die Hauptmahlzeiten so gestaltet sind, dass sie allen Spaß machen, hat der Hinweis »Wir essen doch gleich!« mehr Erfolg. Ich finde es unnötig, in solche Gefechte viel Energie zu investieren. Sie zwingen die Erwachsenen Macht auszuüben und machen die Kinder eher wütend und trotzig.

Natürlich ist das Essen nach dem Lustprinzip nicht die Lösung aller Probleme. Aber es kann doch viel dazu beitragen, dass ein heranwachsender Mensch sich in seiner Haut wohlfühlt, so wie er nun einmal ist – ein bisschen schlank, ein bisschen rundlich, gerade richtig.

Essen als Ersatzbefriedigung

Warum neigen so viele Eltern dazu, ihre Kinder zu fürsorglich zu füttern? Warum essen viele Kinder und Erwachsene mehr als ihnen guttut, obwohl sie darunter leiden, zu dick und weniger beweglich zu sein oder sogar gehänselt zu werden? Wie schaffen wir es, aus dem Essen, dieser an sich lustvollen Betätigung, ein Problem zu machen?

Essen und Füttern sind mehr als die Versorgung mit lebensnotwendiger Energie. Das beginnt schon beim Neugeborenen. Ein Baby, das gestillt oder liebevoll im Arm mit der Flasche gefüttert wird, wird dadurch nicht nur satt. Es erfährt Wärme, Zärtlichkeit, Hautkontakt, Beruhigung. Gefüttert werden bedeutet daher Wohlbefinden schlechthin. Auch ältere Kinder halten oft an der Gewohnheit des morgendlichen Milchfläschchens im Bett noch lange fest oder sie greifen in Zeiten besonderer seelischer Belastung, zum Beispiel bei Krankheit oder nach der Geburt eines Geschwisterkindes, darauf zurück. Nach und nach lernen sie allerdings auch, die verschiedenen Bedürfnisse getrennt zu befriedigen. Ein älteres Kind kann zärtlich schmusen, sich nach einem Kummer in Mamas oder Papas Arm gekuschelt beruhigen, ohne dabei zu trinken oder zu essen.

Für viele Mütter und Großmütter wiederum bleibt das Versorgen mit Essen und Trinken gleichbedeutend mit fürsorglicher Zuwendung schlechthin. Und so fragen viele Mütter noch ihre erwachsenen Kinder beim Heimkommen als Erstes nicht: »Wie ist es dir ergangen?«, »Was hast du erlebt?«, sondern: »Hast du schon was gegessen?«, »Soll ich dir was zu essen machen?« So gibt eine Generation die ständige Verquickung von Essen und Fürsorge, Essen und Beruhigung an die nächste weiter.

Dabei ist es ja nicht der Mangel an Nährstoffen, der Erwachsene wie Kinder dazu verführt, ständig zu naschen, zu knabbern oder süße Limonaden zu trinken. Der Achtjährige, der passiv vor dem Fernseher hängt, lässt sein Bedürfnis nach Aktivität an der Chipstüte aus. Immer wenn es spannend wird, schiebt er sich eine Handvoll Chips zwischen die Zähne. Das pubertierende Mädchen, das der Weltschmerz plagt, verkriecht sich mit einer Tüte Gummibärchen in seinem Zimmer. Und so bleiben essen, trinken, knabbern, lutschen Ersatzbefriedigungen für eigentlich ganz andere Bedürfnisse.

Es mangelt oft an sinnvollen Beschäftigungen, an Zuwendung und Aufmerksamkeit füreinander, an Zeit zum Reden, zum Schmusen, zum Spielen. Sich selbst gegenseitig diese Aufmerksamkeit zu schenken und den Kindern diese Zuwendung zu geben ist wichtiger, als sie unentwegt zu füttern.

▶ Wie wichtig sind Ihnen essen, naschen, trinken? Was suchen Sie eigentlich, wenn es Sie mehr als gut und nötig danach verlangt?

▶ Was möchten Sie eigentlich Ihrem Kind geben, wenn es Sie drängt, sich ständig um seine Ernährung zu sorgen?

Mütter, die das Essen zu sehr ins Zentrum ihrer Fürsorge rücken, fördern die Neigung ihrer Kinder, ihrerseits die Lösung seelischer Konflikte im Essen und Trinken zu suchen. Und so flüchten dann noch viele Erwachsene durch Essen oder Trinken aus dem Alltagsstress, trösten sich damit über Enttäuschungen oder seelische Entbehrungen hinweg und geben das Problem mit dem Essen an die nächste Generation weiter.

Fröhliche Mahlzeit

Familienmahlzeiten scheinen mehr und mehr aus der Mode zu kommen. Morgens müssen die einen in aller Herrgottsfrühe aus dem Haus und nehmen sich zum Frühstücken keine Zeit, nachmittags kommen die Kinder zu unterschiedlichen Zeiten aus der Schule, abends will einer noch einen Freund besuchen, wenn ein anderer gerade heimkommt.

Aber zusammen essen ist immer mehr, als gleichzeitig satt werden. Man sitzt mit angenehmer Beschäftigung beieinander, kann sich gegenseitig in Ruhe ansehen, einander zuhören. Nicht umsonst werden Familienfeste fast immer mit einem großen gemeinsamen Essen gefeiert. Auch wenn der Stress noch so groß ist, auch wenn noch so wenig Zeit bleibt, sollte in der Familie so oft wie möglich gemeinsam gegessen werden. Hier kann man in lockerer Atmosphäre erzählen, den aktuellen Frust loswerden, aber auch den anderen zuhören und den höflichen Umgang miteinander üben.

Manchem Kind verschlägt es freilich den Appetit, wenn die Mahlzeiten zu sehr zu Lehrzeiten des korrekten Benehmens werden. »Sitz gerade«, »Nimm den Ellbogen vom Tisch«, »Aufgestanden wird erst, wenn der Teller leer ist« – wem soll da das Essen noch Spaß machen? Es spricht nichts dagegen, den Kindern die Regeln, die einem wichtig sind, zu erklären, vor allem das Gewünschte immer wieder selbst vorzumachen. Aber es ist auch sinnvoll, die gängigen Regeln einer kritischen Überprüfung zu unterziehen.

Tischsitten sind zwar sinnvoll. Sie sollen sicherstellen, dass alle ihren gerechten Anteil bekommen und nicht Einzelne durch unästhetisches Benehmen anderen den Appetit verderben. Aber manche Regeln sind nach diesen Kriterien auch völlig unnötig. Und ist es nicht auch schön, zu Hause einen Ort zu haben, wo man sich gehen lassen kann, wo man ungehemmt und mit Lust essen kann?

Stellen Sie sich doch mal folgende Fragen:

▶ Warum darf man bei Tisch nicht singen?
▶ Warum darf man den Kopf nicht aufstützen?

▶ Warum darf man sperrige Stücke nicht auch mal mit der Hand essen?

▶ Und was spricht gegen einen Blumenkohlbaum auf einem Kartoffelberg an einem Soßensee, wenn hinterher das Aufessen mehr Spaß macht?

Verlassen Sie sich darauf – wenn die Kinder größer werden und gesittet essen *wollen*, dann wissen sie recht genau, wie das geht.

Für manchen häuslichen Suppenkasper ist auch das Essen im Kindergarten mit anderen Kindern eine neue und lustvolle Erfahrung. In fröhlicher Runde schmeckt so manches, was man zu Hause nicht mag. Mehr Geselligkeit können Sie auch zu Hause erreichen, wenn Sie häufiger mal andere Kinder zum Mitessen einladen.

Die leidigen Süßigkeiten

Ärzte und Zahnärzte klagen besonders über das Unmaß an Zucker, das sehr vielen Nahrungsmitteln zugesetzt wird und das vor allem von Kindern zwischendurch in Form von Süßigkeiten und Getränken verputzt wird. Zucker ist neben Fett der wichtigste Dickmacher.

Andererseits haben Kinder ein besonders großes Bedürfnis nach Süßem, und das nicht ohne Grund. Zucker ermöglicht die Bildung von Serotonin im Gehirn und im Nervengewebe. Alle seelischen Beanspruchungen, Ängste, Stress, Überforderung, erhöhen den Bedarf an Serotonin. Sein Mangel begünstigt Reizbarkeit, Schlafstörungen, Ängste, Depressionen. Deshalb lösen seelische Belastungen oft einen Heißhunger auf Süßes aus. Allerdings ist unser hochkonzentrierter Industriezucker ein Kunstprodukt, das in dieser Dosierung in der Natur nicht vorkommt. Das Bedürfnis nach Süßem kann auch mit Früchten, Fruchtsäften oder mit Trockenobst wie Rosinen gestillt werden. Allerdings wird kein Kind, auch kein Erwachsener, gern ganz auf die süßen Verführer verzichten wollen. Das ist auch nicht nötig.

Aus psychologischer Sicht können Eltern, die mit rigorosen Methoden versuchen, den Zuckerkonsum ihrer Kinder einzuschränken, leicht das Gegenteil erreichen. Denn was verboten ist, das macht uns gerade scharf! Es ist auch nicht wahr, dass sich Kinder, die man nicht bremst, an Süßem hoffnungslos überfressen, sofern das Vorbild zu Hause ein anderes ist. Im Gegensatz dazu weiß ich von Kindern, die, zu Hause sehr kurz gehalten, bei Freunden stets mit Heißhunger über die leicht erreichbaren Süßigkeiten herfielen, während die Gastgeber, an diese Großzügigkeit gewöhnt, recht maßvoll waren.

Allerdings beeinflussen auch Moden und dumme Angewohnheiten den Verzehr an Süßigkeiten. Viele Kinder, aber auch viele Erwachsene, haben sich angewöhnt, unentwegt irgendetwas zu kauen, zu lutschen, zu mümmeln. Heute findet man an jeder Kinokasse eine Theke für Getränke, Popkorn und Süßes. Ohne das scheint man einen Film nicht mehr genießen zu können. Mit Bedarf hat das sicher nichts mehr zu tun. Womit dann?

Bitte beobachten Sie sich einmal selbst: Wann haben Sie besonders das Bedürfnis, zu naschen oder ein Bier zu trinken? Doch meistens beim Fernsehen oder im Kino, also wenn Sie relativ untätig und passiv bei etwas zusehen. Die wenigsten naschen beim Sport oder bei engagierten körperlichen Betätigungen im Freien. Also?

Schnelle süße Tröster

Süßigkeiten wirken bei vielen kleinen Kindern wie Wundermittel – sie trocknen Tränen, beruhigen erregte Gemüter, wirken als Belohnung für ein Verhalten, das Eltern fördern wollen. Solche schnellen Tröster machen Eltern das Leben leichter, sie sind aber nicht unproblematisch für die weitere Entwicklung des Kindes.

Da bäumt und krümmt sich die Zweijährige kreischend in ihrem Wägelchen, weil sie das Stillsitzen satthat und hinaus möchte. Aber die Eltern müssen noch weiter einkaufen, da ist das umherlaufende Kind lästig. Also bieten sie ihm einen Lolli an. Auch nicht schlecht, findet das Kind, lehnt sich entspannt zurück und lutscht an dem süßen Ding. Eigentlich ist sein Bedürfnis ja ein ganz anderes, aber was bekommt es – Ersatz. Was lernt es daraus? Mit Süßigkeiten kann man sich über andere Bedürfnisse, die unbefriedigt bleiben, hinwegtrösten.

Die heftig schluchzende Dreijährige, die ihre Eltern im Gedränge verloren hatte, bekommt, als ihre Eltern sie endlich finden, als Trost erst einmal ein paar Gummibärchen. Braucht sie die jetzt? Viel nötiger braucht sie eine Umarmung, sie braucht Nähe, Wärme und die Versicherung, dass sie immer wiedergefunden wird. Soll sie sich daran gewöhnen, dass Süßigkeiten das beste Mittel gegen Kummer sind? Die Folge werden Kummerspeck und Karies sein. Das Gleiche gilt für den Vierjährigen, der sich das Knie aufgeschlagen hat und der als Trost ein Eis bekommt.

Oft erkaufen sich Menschen, die als kinderfreundlich gelten möchten, das Wohlwollen der Kinder durch kleine süße Gaben – die Apothekerin, die Serviererin, die Kinderärztin. Das ist nett gemeint, aber eigentlich überflüssig. Freundliche Zuwendung, eine interessierte Frage, ein anerkennendes Wort sind auch Belohnungen – machen allerdings mehr Mühe.

Gelegentlich bin ich allerdings bereit, von dieser kritischen Haltung gegenüber den süßen Tröstern Abstand zu nehmen. Zum Beispiel, wenn ein Kind sich einer Situation aussetzen soll oder muss, vor der es große, kaum zu bewältigende Angst hat. Eine ängstigende Situation besteht man leichter, wenn man sich nicht verkrampft, sondern entspannt. Das kann man einem kleinen Kind aber noch nicht klarmachen. Die Entspannung kann man fördern durch sanftes Streicheln und beruhigendes Zureden, zusätzlich hilft aber auch ein Stück Schokolade im Mund. Das Lutschen von Süßem entspannt und beruhigt.

Wenn Sie zum Beispiel Ihrem Kind helfen möchten, seine panische Angst vor einem Tier zu überwinden, dieses Tier vielleicht sogar vorsichtig zu streicheln, ist das Stück Schokolade kein Ersatz, sondern Therapie. Es hilft dem Kind, die Angst zu überwinden. Eine solche Situation erfolgreich zu bestehen, stärkt das Selbstbewusstsein. Wenn der süße Tröster dabei hilft, ist er sinnvoll.

Schütten wir also nicht das Kind mit dem Bade aus – nicht jedes Leckerli ist gleich des Teufels. Kinder mögen Süßes, und sie sollen es auch bekommen. Es gelegentlich auch als Ablenkung, Belohnung, soziales Schmiermittel einzusetzen, ruiniert nicht gleich die Erziehung. Nur das Gedankenlose, Regelmäßige schafft Gewohnheiten, die uns nicht recht sein können.

Vom Gummibärchen zur Tablette

Bei Kindern, die für jeden Kummer einen schnellen, süßen Tröster bekommen, kann sich leicht die Erkenntnis festsetzen, dass es für jeden Fall seelischer oder körperlicher Beeinträchtigung so ein schnelles, einfaches Mittel geben muss. Man schmeißt etwas ein und schon geht es einem besser.

▶ Kopfschmerzen? Egal, woher sie kommen, was ich vielleicht zu ihrer Vermeidung tun könnte – ich nehme eine Kopfschmerztablette.

▶ Schlaflos? Warum? Sorgen? – Ich greife zur Schlaftablette.

▶ Kummer? – Ich lasse mir Antidepressiva verschreiben.

▶ Kind zu unruhig? Sicher ADHS. – Leider gibt es viele Kinderärzte, die dann zu schnell mit dem Rezeptblock bei der Hand sind.

Immerhin steigt inzwischen auch die Skepsis vieler Eltern gegen die vorschnelle Gabe von Medikamenten.

Aber die Tropfen gegen Schulstress aus der Apotheke sind doch wohl harmlos, weil frei verkäuflich – oder? Das Mittel selbst wahrscheinlich schon – die Einstellung dazu aber nicht.

Auch wenn ich meinem Kind, das nicht einschlafen kann, mit magischen Versprechungen eine Vitaminpille gebe, auch wenn dieses harmlose Placebo sogar wirkt, das Kind festigt seinen Eindruck: Wenn es mir nicht gut geht, muss ich etwas einnehmen – anstatt etwas zu unternehmen.

8. Schlaf, Kindlein, schlaf

Jede Elterngeneration schlägt sich damit herum, dass die Kinder nicht so viel und nicht so regelmäßig schlafen, wie die Eltern es gerne möchten. Viele Eltern überschätzen das Schlafbedürfnis ihrer Kinder. Sie machen sich Gedanken um deren Wohlergehen. Ein bisschen Eigennutz ist sicher auch dabei. Denn in der Zeit, in der die Kinder schlafen, können die Eltern mal verschnaufen oder Wichtiges in Ruhe erledigen.

Wie viel Schlaf braucht ein Kind?

Früher richtete man sich in solchen Fragen nach Durchschnittswerten. »Normal« und damit »richtig« war das, was die Mehrheit tat. Moderne Entwicklungspsychologen betonen eher die Vielfalt als den Durchschnitt. Sie weisen darauf hin, dass der Schlafbedarf bei allen Menschen, auch schon bei Kindern, sehr unterschiedlich ist. Das betrifft sowohl die Schlafdauer als auch den Schlafrhythmus.

▶ Es gibt Langschläfer und Kurzschläfer.
▶ Manche Kinder machen mehrmals am Tag ein kurzes Nickerchen, andere schlafen auch tagsüber zwei Stunden lang.
▶ Manche Kinder wollen mit anderthalb Jahren mittags nicht mehr schlafen, andere halten an ihrem Mittagsschlaf bis in die frühe Schulzeit hinein fest.
▶ Auch kulturelle Traditionen spielen dabei eine Rolle.

Eltern sollten ihrem Kind helfen, den Rhythmus zu finden, der zu ihm passt und mit dem sie selbst auch zurechtkommen. Solange ein Kind in seinen Wachzeiten ausgeglichen, unternehmungslustig und aktiv ist, schläft es offenbar genug.

Eltern versuchen mit den unterschiedlichsten Methoden, Kinder zum Schlafen zu bringen. Die einen schwören auf feste Zeiten mit Ausziehen und Ins-Bett-Legen auch am Tag, die anderen warten ab, bis das Kind quengelig wird, wiegen es dann im Arm, bis es einschläft. Jede dieser Methoden hat Vor- und Nachteile.

Wo es gut klappt, sind feste Zeiten für alle erleichternd und erholsam. Viele Kinder stellen sich leicht auf einen solchen Rhythmus ein und werden dann zur gewohnten Zeit prompt schläfrig. Bei anderen ist das Ins-Bett-Legen häufig der Auftakt zu einem längeren, zermürbenden Theater, weil sie gerade dann, wenn sie sollen, nicht wollen. Das Schlafen ganz nach aktuellem Bedarf vermeidet das Theater, dafür bietet es gestressten Eltern kaum mal verlässliche Zeiten zum Ausspannen oder für dringende Erledigungen. Ich denke, junge Eltern müssen selbst ausprobieren, was zu ihnen und ihrem Kind am besten passt. Zeiten, in denen das Nichtschlafenwollen der Kinder den Eltern an den Nerven zerrt, wird es bei jeder Methode geben.

Im Kindergarten werden oft Normen für das mittägliche Schlafen vorgegeben. Alle müssen schlafen, alle unter vier müssen schlafen, ab vier wird nicht mehr geschlafen oder so ähnlich. Viele Eltern klagen, weil ihre Kinder mit diesen starren Regeln nicht zurechtkommen. Wenn Sie die Wahl haben, achten Sie darauf, dass im Kindergarten Ihres Kindes auf die unterschiedlichen Bedürfnisse der Kinder eingegangen wird, dass schlafen darf, wer möchte, aber dass kein Kind schlafen *muss*. Kinder zum Schlafen zwingen zu wollen, ist eine Tortur und pädagogisch nicht zu rechtfertigen.

Folgenschwere Angewohnheiten

Am dauerhaftesten sind die Schlafprobleme meist am Abend, wenn Eltern das dringende Bedürfnis nach ein paar Stunden kinderfreier Zeit verspüren, und in der Nacht, wenn Kinder das Schlafbedürfnis der Eltern arg strapazieren. Oft gewöhnen Eltern aus der Not heraus dem Kind Dinge an, die auf Dauer schwer durchzuhalten sind. Da schläft ein Zweijähriges grundsätzlich nur mit der Flasche im Mund ein und verlangt die Flasche dann auch noch mehrmals in der Nacht. Ein anderes will zum Einschlafen hin und her getragen werden oder es schläft nur ein, wenn Papa am Bett Händchen hält oder Mama sich dazulegt.

Wenn Eltern erst einmal in eine solche Angewohnheit hineingeraten sind, wird das Umgewöhnen schwierig und zäh. Das Durchhaltevermögen, das nun nötig wäre, bringen sie aber nicht auf, weil sie durch das allabendliche, allnächtliche Theater schon so erschöpft sind. Das Kind kann nichts dafür, denn es möchte nur alles so haben, wie es bisher üblich, also »richtig« war. Wenn etwas nicht »richtig« ist, kann es eben nicht schlafen.

Oft wird dann gefragt, ab wann ein Kind denn nachts durchschlafen müsse oder könne. Aber kein Mensch schläft von abends bis morgens gleich tief und fest durch, auch ein Kind nicht. Phasen traumlosen Tiefschlafes wechseln sich ab mit Phasen flacheren, von Träumen begleiteten Schlafs. Und zwischendurch tauchen wir immer mal wieder auf bis zum Wachwerden. Wir Erwachsenen gucken dann auf die Uhr, horchen kurz auf den Wind oder auf das Atmen neben uns, dann drehen wir uns um und schlafen weiter. Morgens erinnern wir uns kaum daran, weil es belanglos ist. Manchen fallen beim nächtlichen Aufwachen auch die Sorgen der nächsten Tage ein und dann können sie nicht wieder einschlafen.

Der biologische Sinn dieses Rhythmus liegt auf der Hand: Als wir noch umgeben von wilden Tieren in Höhlen wohnten, war es sinnvoll, regelmäßig kurz zu erwachen und zu prüfen, ob die Umgebung noch sicher ist.

Auch ein kleines Kind wacht mehrmals in der Nacht kurz auf. Ob es dann ruft und schreit oder einfach allein wieder einschläft, hängt von dem ab, was es gewöhnt ist. Wenn es nicht ohne Flasche einschlafen kann, ruft es nach seiner Flasche. Wenn es Mamas Brust oder Papas Arm dazu braucht, schreit es danach. Und erst wenn aus seiner Sicht alles wieder seine Ordnung hat, schläft es wieder ein.

Eltern, die das nächtliche Theater nicht mehr ertragen können, müssen ihr Kind daran gewöhnen, dass es auch ohne Fläschchen, ohne Umhertragen in den Schlaf findet. Das kann nicht im Hauruck-Verfahren von einem Tag auf den anderen geschehen, sondern langsam und stufenweise in kleinen, verkraftbaren Schritten. Das Kind braucht dabei auch liebevollen Trost, denn oft kann es die Gründe für die Veränderung der Gewohnheit ja noch nicht verstehen. Wahrscheinlich müssen Sie mehrere Nächte fast ohne Schlaf durchstehen, in denen Sie das weinende Kind in seinem Bett immer wieder trösten, ihm das Angewöhnte aber ganz konsequent verweigern.

Gewöhnen Sie, wenn irgend möglich, Ihr Kind gar nicht erst an Einschlafhilfen, die Sie auf Dauer nicht durchhalten können. Wenn es sich abends daran gewöhnt, allein, ohne Mamas Locke oder Papas Hand, im Bett zu liegen und in den Schlaf zu finden, dann kann es das auch in der Nacht, wenn es kurz aufwacht.

Den meisten Kindern hilft ein festes, jeden Tag genau gleich ablaufendes Ritual, langsam zur Ruhe zu kommen und sich auf das Schlafen vorzubereiten. Waschen, Zähneputzen, ins Bett gehen, Gutenachtgeschichte, Schlaflied, Teddy oder Schmusekissen an die richtige Stelle, Streicheln übers Haar, Kuss auf die Nase, »Gute Nacht, liebe Tiny« – oder eben so, wie es bei Ihnen üblich geworden ist. Diese monotone Regelmäßigkeit gibt dem Kind das Gefühl, dass alles seine Ordnung hat, dass es sich ruhig in den Schlaf fallen lassen kann.

Ältere Kinder haben noch ein anderes Motiv, abends nicht allein im Bett liegen zu wollen. Sie fürchten, dass sie im Wohnzimmer etwas verpassen, dass dort was Spannendes passiert, während sie ins Kinderzimmer abgeschoben werden. Und dann wird das Immer-wieder-Herauskommen zu einem interessanten Spiel und zu einem Machtgerangel zwischen Eltern und Kind.

Hier dürfen Eltern im eigenen Interesse eine Grenze setzen. Sie haben das Bedürfnis nach einem kinderlosen Tagesausklang und auch das Recht darauf. Diese Regel einzuhalten fällt Kindern leichter, wenn sie jenseits der Grenze noch viel Freiheit haben. Sie sollen in ihrem Zimmer bleiben, damit die Eltern Ruhe haben. Aber in ihrem Bett dürfen sie noch spielen, Bilder ansehen, eine Kassette anhören und selbst bestimmen, wann sie ihr Lämpchen ausmachen. Und wenn sie darüber einschlafen, das Licht gar nicht ausmachen, dann machen das später eben die Eltern.

Nächtliches Aufschrecken …

Wenn Kinder mitten in der Nacht schreiend aufschrecken und mit angsterfülltem Gesicht in ihrem Bett stehen oder sitzen, dann muss man sie tröstend in den Arm nehmen, beruhigend mit ihnen reden, bis sie weiterschlafen können. Kaum jemand würde das wohl anders machen.

Was aber, wenn das Kind sich nicht beruhigen lässt, wenn es bei Berührung nur noch lauter schreit und um sich schlägt, die Eltern gar nicht zu erkennen scheint? Ein solches Verhalten stürzt Eltern leicht in heillose Verwirrung. Sie wollen ihrem Kind unbedingt helfen, aber es lässt sie nicht. Alles, was sie unternehmen, macht es nur schlimmer.

Mehr als ein Drittel aller Eltern erleben das – zumindest gelegentlich. Die Sorge, die sie deswegen haben, ist zum Glück unbegründet. Es ist keine bösartige Krankheit, die sich da ankündigt, kein Krampfanfall, auch nicht die Folge eines schweren Erziehungsfehlers. Die Fachleute nennen es Pavor nocturnus, nächtlicher Schreck. Es ist die Folge noch nicht abgeschlossener Reifungsvorgänge im kindlichen Gehirn, insofern also eine normale, vorübergehende Erscheinung. Es tritt in manchen Familien gehäuft auf, so dass eine vererbte Neigung dazu angenommen wird.

Dieses nächtliche Aufschrecken ist ein unvollständiges Erwachen aus dem Tiefschlaf, sozusagen das Auftauchen in eine Sackgasse. Das Kind schläft nicht mehr fest, ist aber auch nicht wach – und das löst Reaktionen von Verwirrung, Wut und Panik aus.

Bei kleinen Kindern ist das Wellenmuster zwischen Tiefschlaf, Traumschlaf und kurzem Aufwachen noch nicht ganz ausgereift, und dann kommt es manchmal zu diesem unvollständigen Aufwachen, dem Steckenbleiben zwischen Schlafen und Wachsein. Es tritt nur im ersten Teil der Nacht, etwa ein bis drei Stunden nach dem Einschlafen auf, eben dann, wenn das Kind besonders tief schläft. Davon betroffen sind vor allem Drei- bis Vierjährige, manchmal auch schon Ein- und Zweijährige. So ein Kind sitzt oder steht mit schreckgeweiteten Augen in seinem Bett, vielleicht ist es sogar herausgestiegen und läuft hektisch herum, schwitzt und atmet heftig, redet vielleicht wirr, kann aber auf Fragen nicht antworten. Es erkennt auch die Eltern nicht, kann nicht auf ihre Bemühungen reagieren. Es ist daher sinnlos, es nach dem Grund seiner Angst zu fragen. Auch der Versuch, es ganz aufzuwecken, misslingt. Nach etwa fünf bis fünfzehn Minuten ist der Spuk meistens vorbei. Das Kind wacht ganz auf, wirkt nicht mehr aufgeregt und ängstlich, sondern müde, lässt sich hinlegen und beruhigen und schläft wieder ein. Am nächsten Tag kann es sich an nichts erinnern. Deshalb ist es auch sinnlos, es morgens auf dieses dramatische Erlebnis anzusprechen.

Wenn Kinder im Schlaf laut reden oder schlafwandeln, hat das übrigens die gleiche Ursache. Das tritt allerdings eher bei Kindern im Schulalter auf. Auch diese Kinder sind nicht wach, obwohl sie unter Umständen mit offenen Augen umherlaufen. Besorgte Eltern fragen sich, ob Ereignisse des Vortages das Kind zu sehr erregt haben könnten, so dass es deshalb so unruhig schläft. Panikanfälle häufen sich zwar nach besonders aufregenden Tagen, ganz verhindern lassen sie sich aber auch durch einen noch so harmonischen Tagesablauf nicht. Eltern müssen sich also nicht belasten mit der Suche nach einem unverarbeiteten Problem, das ihr Kind überfordert hat. So schwer das auch fallen mag, Sie helfen Ihrem in einem Pavor nocturnus gefangenen Kind am besten, wenn Sie gar nichts tun, jedenfalls alles vermeiden, was das Kind nur noch mehr aufregt. Vielleicht können Sie es vorsichtig streicheln, vielleicht leise und beruhigend reden. Das müssen Sie ausprobieren. Es hilft sicher schon viel, wenn Sie nicht selbst in Panik geraten, sondern ruhig bleiben können.

... und Angstträume

Nächtliche Angstträume lassen sich recht gut von diesem Aufschrecken unterscheiden. Sie treten vorwiegend in der zweiten Nachthälfte auf, in der sich die Traumphasen häufen. Solche Angstträume finden sich gehäuft bei Kindern im Alter von drei bis sechs Jahren.

Ältere Kinder können sich auch am nächsten Tag noch an das erinnern, was sie nachts so erschreckt hat. Wahrscheinlich haben auch schon jüngere Kinder Angstträume, aber sie können darüber noch nicht berichten. Ihre Träume sind wahrscheinlich kurze, erschreckende Bilder – ein böser Hund, der auf sie zurennt, eine große Kuh, ein Junge, der sie schlagen will.

Nach einem Angsttraum ist das Kind wach, kann sagen, was es geängstigt hat, und will getröstet werden. Es kann allerdings auch verwirrt und zornig reagieren, wenn die Eltern zu viel fragen. Denn kleine Kinder sind davon überzeugt, dass das, was sie im Traum gesehen haben, real ist und dass die Eltern es doch auch gesehen haben müssen. Also warum fragen sie dann so dumm?

Inhalt kindlicher Angstträume sind belastende Erlebnisse des Vortages, aber auch Inhalte einer blühenden Phantasie. Da ein Kind bis zu etwa vier Jahren Traum und Realität noch nicht auseinanderhalten kann, ist der beruhigend gemeinte Satz »Das war doch nur ein Traum!« als Trost ganz und gar ungeeignet. Viel beruhigender ist es, wenn Sie die Tür öffnen, um den bösen Hund hinauszujagen oder dem frechen Jungen sagen, dass er Ihr Kind nicht schlagen dürfe. Aber vielleicht will es dann doch sicherheitshalber mit unter Ihre Bettdecke.

Am schönsten ist es im Elternbett

In früheren Zeiten hatten viele Kinder kein eigenes Bett. Auch in ärmeren Gegenden der Welt teilen sich Kinder oft ein Bett mit ihren Geschwistern. Bei uns heute haben die meisten Kinder sogar ein eigenes Zimmer. Aber viele Kinder schlafen nicht gern darin. Sobald sie in der Nacht aufwachen, machen sie sich mit Kissen und Teddy auf den Weg ins Elternbett – dorthin, wo es warm, sicher und gemütlich ist.

Viele Eltern rücken dann zwar resignierend zur Seite, aber richtig finden sie es eigentlich nicht. Wozu haben sie denn dieses schöne Kinderzimmer eingerichtet?

Aber die meisten kleinen Kinder schlafen lieber und besser im Elternbett. Und dagegen ist aus ihrer Sicht auch überhaupt nichts zu sagen. Insbesondere Einzelkinder fühlen sich in ihrem Zimmer allein und schutzlos. Geschwister helfen sich manchmal, indem eins zum anderen ins Bett kriecht.

Einige Eltern ziehen aus dieser Erfahrung eine ganz praktische Konsequenz: Statt sich Nacht für Nacht zu mehreren in zu engen Betten zu drängeln, konstruieren sie ein sehr breites Lager, auf dem genug Platz für alle ist. Für die Kinder sicher eine optimale Lösung.

Eltern müssen auch nicht befürchten, dass die Kinder diese Gepflogenheit dann bis ins Jugendlichenalter beibehalten möchten. Erfahrungsgemäß gehen die Kinder eines Tages von selbst oder nach sanftem Anstoß – aus Stolz über ein neues Bett oder über ein neu gewonnenes Maß an Selbständigkeit. Aber sechs können sie darüber schon werden.

Doch nicht alle Eltern können sich mit einer solchen Familienbett-Lösung anfreunden. Sie möchten gern abends im Bett noch lesen, sich unterhalten, ungeniert Sex genießen, sich nicht wie Diebe in ihr eigenes Bett schleichen müssen, um die Kinder nicht zu wecken. Oder sie fühlen sich durch das ständige Gekrabbel einfach in ihrer Nachtruhe gestört. Diese Eltern haben das Recht, ihre eigenen Bedürfnisse genauso wichtig zu nehmen wie die ihrer Kinder. Sie müssen nach Kompromissen suchen, mit denen alle leben können. Manche Eltern tragen das Kind ins eigene Bett zurück, sobald es wieder eingeschlafen ist. Kommt es aber mehrmals pro Nacht oder kommen gar zwei Kinder, wird das ganz schön strapaziös. Auch dass ein Elternteil, meist der Vater, sich vertreiben lässt und sich resignierend ins Kinderbett zurückzieht, kann wohl keine Dauerlösung sein. Andere Eltern nehmen in Kauf, nachts mehrmals ins Kinderzimmer zu laufen, bestehen aber darauf, dass das Kind in seinem eigenen Bett bleibt.

Ältere Kinder werden vielseitiger beim Anmelden nächtlicher Bedürfnisse. Sie haben Durst, sie haben Angst, sie müssen mal oder haben Bauchschmerzen. Es hilft Kindern auf dem Weg zur Selbständigkeit, wenn sie in solchen Situationen in der Lage sind, sich selbst zu helfen, statt nach Hilfe zu rufen. Ab wann sie das aber können, wann die Hilflosigkeit aufhört und die ungerechtfertigte Tyrannei anfängt, das müssen Eltern selbst beurteilen und mit den Kindern immer wieder aushandeln.

Schon Dreijährige können verstehen, wie anstrengend es für die Eltern ist, mehrmals in der Nacht aufgeweckt zu werden, wie dringend sie ihre Nachtruhe brauchen. Kleine Dinge können das Kind unterstützen, sich selbst zu helfen:

▶ Gegen den Durst hilft ein Wasserbecher neben dem Bett.
▶ Wer den Gang zur Toilette scheut, kann das Töpfchen unter dem Bett benutzen.
▶ Bei Angst vor der Dunkelheit hilft ein Nachtlicht in der Steckdose, die etwas geöffnete Tür oder der Lieblingsteddy im Bett.

Wenn Kinder sich für das nächtliche Aufwachen ein festes Ritual angewöhnen – zum Beispiel jedes Mal einen Schluck Wasser trinken –, hilft ihnen das, allein zurechtzukommen. Und das macht stolz, vor allem wenn es entsprechend gewürdigt wird.

Sicher können Sie auch mit Sturheit erreichen, dass Kinder von Anfang an nachts in ihrem eigenen Bett bleiben. Sie lassen sie einfach schreien und reagieren nicht darauf. Nächtliche Wanderschaft stellen Sie unter Strafe. Nach nicht allzu langer Zeit lernt das Kind daraus, wandert und ruft nicht mehr. Aber was hat es gelernt? »Es hat keinen Zweck, dass ich meine Eltern um Hife bitte, wenn ich Angst habe und sie brauche, denn sie helfen mir nicht.« Wünschen Sie Ihrem Kind eine solche entmutigende Lehre?

9. Die Welt erfahren mit allen Sinnen

Ein neugeborenes Menschenkind ist noch ein recht unfertiges, hilfloses Wesen. Aber es ist ausgestattet mit zahlreichen Möglichkeiten, die Welt wahrzunehmen und auf sie zu reagieren. Das ermöglicht ihm, all die Erfahrungen zu machen, all das zu lernen, was es braucht, um ein lebenstüchtiger Erwachsener zu werden.

Der Motor dieser Entwicklung ist eine schier grenzenlose Neugier – die Gier, ständig Neues zu erkunden und neue Situationen zu bewältigen. Als Mittel für diese Erfahrungen bringt es seine Sinne mit und die Lust, sie zu gebrauchen. Schon im Mutterleib kann es hören, beruhigt sich zum Beispiel bei harmonischer Musik, erkennt schon bei der Geburt die Stimme seiner Mutter. Ultraschallfotos zeigen, dass es schon im Mutterleib am Daumen lutschen kann. Wenn es sich im Fruchtwasser bewegt, spürt es die sanfte, warme Bewegung auf seiner Haut. Nach der Geburt beruhigt es sich, wenn es von warmer Haut berührt, zart gestreichelt wird. Seine Augen nehmen bald nach der Geburt Kontakt zur Welt auf und lernen Gegenständen, am liebsten Gesichtern, zu folgen.

Die Welt kleiner Kinder ist voller mit allen Sinnen aufgesogener, von intensiven Gefühlen begleiteter Erlebnisse, die auch vielen Kindheitserinnerungen eine besondere Note geben. Diese frühen Eindrücke waren viel intensiver, umfassender, viel farbiger, viel eindrucksvoller als das, was wir später erlebt haben. Die wärmende Sonne an einem frühen Sommertag im Garten, der Gewittersturm, der einen Schirm durch die Luft fliegen ließ, der erste Blick aus dem Fenster auf die Welt nach einer Woche, die man fiebrig im Bett verbracht hat – sicher fallen auch Ihnen viele solcher frühen Erlebnisse ein, die Sie später noch oft hatten, aber nicht mehr mit dieser intensiven Sinnlichkeit erlebt haben. Und oft haben wir bei solchen Erinnerungen das Gefühl, etwas verloren zu haben.

Sinne und Sinnlichkeit

Die Sinne sind unsere wichtigsten Instrumente, um das Leben zu erforschen und meistern zu lernen. Wenn Kinder sich immer wieder wild im Kreis drehen, wenn sie schaukeln und kreiseln und Karussell fahren, dann üben sie ihren Gleichgewichtssinn, um sich sicherer bewegen zu können. Wenn sie weglaufen und wiederkommen, sich verstecken, überall drauf und drunter und drumherum kriechen, dann üben sie ihren Orientierungssinn, um sich besser zurechtzufinden. Wenn sie alles betatschen, anfassen, untersuchen, auseinandernehmen, dann be-greifen sie es besser. Sie wollen auch alles probieren und in den Mund stecken – den Sand im Buddelkasten, den Käfer auf der Wiese oder das, was sie aus ihrer Nase gebohrt haben.

Unsere Sinne sind darüber hinaus aber auch unser wichtigstes Mittel, um das Leben zu spüren und sich seiner zu erfreuen. Das Kreiseln und Schaukeln, das Rennen und Kriechen, das Lecken und Lutschen dienen nicht nur dem Erforschen und Trainieren, sondern auch der intensiven Lebenslust und Lebensfreude.

So erleben wir an Kindern, wie sie mit viel Gefühl die ganze Welt in sich aufzunehmen versuchen. Sie stehen glücklich im strömenden Regen, kosten, wie die Tropfen schmecken, fühlen, wie das Nasse über ihren Körper und durch die Kleidung läuft, während wir längst einen Regenschirm benutzen möchten. Zum Glück – jedenfalls für die Kinder – haben wir nicht immer einen dabei. Sie wollen die bunte Frühlingswiese nicht nur anschauen, sondern sich mit ausgestreckten Armen ins warme Gras werfen, darin herumrollen und den Duft einsaugen. Sie wollen auch in die Pfütze stampfen, bis das Wasser in die Gummistiefel schwappt, oder den Modder auf der Haut verteilen. Wir Erwachsenen versagen uns solche Lüste meistens – mit Rücksicht auf unsere Kleidung, unser Aussehen, unsere Gesundheit oder auf das, was die Leute denken könnten. Kinder genießen einfach – rücksichtslos.

Mancher Erwachsene bedauert, dass er diese Unmittelbarkeit des Genießens verloren hat. Ob er sie ein Stück weit von seinen Kindern wieder lernen kann? Zumindest aber kann er den archaischen sinnlichen Gelüsten seiner Kinder mit Sympathie begegnen, statt zu versuchen, sie mit zu vielen Bedenken klein zu halten.

Mit Haut und Haaren natürlich

Sie haben es sicher schon bemerkt: Immer wieder, wenn ich über Freude an Bewegung, über Futter für die Sinne rede, lande ich bei Ausflügen in die Natur. Das Angebot an Leben ist draußen einfach am vielseitigsten. Was für ein Cocktail für die Sinne kann ein Ausflug in den Wald sein, wenn man ihn aufmerksam wahrnimmt. Man sieht Pflanzen und Tiere, hört die Vögel oder das Rauschen der Bäume, riecht den sonnenwarmen Waldboden, schmeckt die gefunden Blaubeeren, fühlt die Tannennadeln auf der Haut und reizt seinen Gleichgewichtssinn, wenn man eine Böschung hinunterkullert.

Sicher kann ein Kind sich auch in einer Sporthalle oder einem Indoor-Spielplatz austoben, seine Sinne in der Küche füttern, aber wo sonst kann man das alles gleichzeitig haben – ungehemmt brüllen, rennen, balancieren, lauschen, mit den Augen suchen, dabei die Sonne und den Wind auf der Haut spüren? Sicher kann ich Farnkräuter auch im Lehrbuch betrachten, Vogelstimmen auf einer CD hören, eine Sendung über den Wald im Fernsehen anschauen. Aber was für ein jämmerlich einseitiger Ersatz ist das! Kinder wollen die Welt erleben, nicht angucken! Sie brauchen sinnliche Vielfalt, nicht Fastfood für die Sinne.

Viele Eltern fahren im Urlaub mit ihren Kindern besonders gern ans Meer oder an einen See. Wenn die Kinder dort, möglichst ohne störende Kleidung, rennen, tollen, buddeln, sich beschmieren und bespritzen können, sind sie so richtig in ihrem Element. Ohne Kleidung fühlen auch wir Erwachsene uns freier, offener, fröhlicher, als wenn wir uns irgendwelchen Konventionen zuliebe in einengende Kleidung zwängen müssen, die den Temperaturen um uns herum oft gar nicht angemessen ist.

Suchen Sie für Ihre Kinder möglichst oft nach Gelegenheiten, wo sie hüllenlos der Natur begegnen oder doch wenigstens barfuß laufen können. Mit bloßen Füßen auf der Erde stehen, gehen, mit den Zehen graben, das »erdet« einen, das ermöglicht Erfahrungen, die man mit den Händen allein nicht machen kann. Ich könnte es nicht besser ausdrücken, als der österreichische Dichter Martin Auer im folgenden Gedicht:

Über die Erde

Über die Erde sollst du barfuß gehen.
Zieh die Schuhe aus,
Schuhe machen dich blind.
Du kannst doch den Weg
mit deinen Zehen sehen.
Auch das Wasser und den Wind.

Sollst mit deinen Sohlen die Steine
berühren, mit ganz nackter Haut,
dann wirst du bald spüren,
dass dir die Erde vertraut.

Spür das nasse Gras unter deinen
Füßen und den trockenen Staub.
Lass dir vom Moos die Sohlen streicheln.
Und fühl das Knistern im Laub.

Leg deine Wange an die Erde,
riech ihren Duft und spür,
wie aufsteigt aus ihr eine ganz große Ruh'.
Und dann ist die Erde ganz nah
bei dir und du weißt:
Du bist ein Teil von allem
Und gehörst dazu.

Mit vielen Sinnen gleichzeitig

Bei uns Erwachsenen steht allerdings, wenn wir an die Sinne denken, oft nicht dieses lustvolle Spielen und Genießen im Vordergrund, sondern die Tüchtigkeit und Förderung der einzelnen Sinne zur Steigerung ihrer Effektivität. Der Weinverkoster trainiert besonders seine Zunge, der Parfümeur seine Nase, der Musiker sein Gehör. Aber ist das lustvoll?

Ein Weintrinker, den man fragte, ob er den Herkunftsort und

den Jahrgang aus einem edlen Tropfen herausschmecken könne, antwortete einmal: »Ich bin kein Weinkenner, ich bin ein Genießer.« Diesen Unterschied meine ich. Sicher, auch das Trainieren der einzelnen Sinne ist sehr wichtig, nur sollte das Genießen dabei nicht zu kurz kommen.

Kinder wollen die Welt mit allen Sinnen erfassen, und sie begreifen nachhaltiger, je mehr Sinne gleichzeitig sie dabei nutzen können. Wenn Kinder ein Lied nicht nur hören, sondern auch selbst laut singen und dazu noch tanzen und mit den Händen den Takt klopfen, wenn sie einen neuen Buchstaben nicht nur an der Tafel sehen, sondern selbst schwungvoll malen oder sogar mit Armen und Beinen darstellen, prägt sich das Erfahrene viel besser ein. Wenn ich Kindergartenkindern etwas übers Backen von Brot und Brötchen nahebringen will, dann kann ich ihnen dazu ein Bilderbuch vorlesen und auch etwas Anschauungsmaterial beschaffen. Wenn ich mit ihnen aber in eine Bäckerei gehe, wo sie den großen Maschinen zusehen, etwas Teig kneten und kosten, den Geruch warmer Brötchen einsaugen und die Hitze vor dem Backofen spüren können, erst dann wissen sie nachhaltig etwas übers Backen.

Von der Lust am Berühren und Gestalten

Wenn ich in ein Museum oder eine Skulpturen-Ausstellung gehe, habe ich sehr oft das Bedürfnis, die Formen der ausgestellten Kunstwerke mit den Händen nachzuziehen. Leider hindert mich dann immer das Schild »Bitte nicht berühren!«. Ich darf sehen, aber nicht anfassen. Das muss wohl sein, schade, denn für die sinnliche Erfassung des Ganzen ist es eine arge Einschränkung.

Kinder haben das intensive Bedürfnis, das, was sie sehen, auch anzufassen. Immer, wenn sie irgendwo nur Zuschauer sind, vor allem, wenn sie fernsehen, können sie vieles nur sehen und hören, aber weder riechen noch schmecken noch berühren. Diese Sinne lassen wir leicht verkümmern. Dabei könnten wir zum Beispiel mit unseren Händen viel mehr erfassen. Bewundern Sie nicht auch die Feinheit des Tastsinns blinder Menschen, die die Konstellationen winziger Punkte der Brailleschrift unterscheiden können? Versuchen Sie das mal nachzumachen!

Es gibt so viele Gelegenheiten, die Welt auch mit den Händen zu erkunden. Wie weich und zart sich ein Katzenfell anfühlt, wie rau Papas Gesicht, wenn er sich nicht rasiert hat. Wie fühlt sich eine Blume an, wie ein Stein oder ein Stück Holz? Kann man einen Käfer oder einen Fisch auch streicheln?

Eine Lust für den Tastsinn und Anreiz zu kreativem Gestalten ist das Hantieren mit weichem, formbarem Material. Das kann Lehm oder Ton sein, Papiermaschee und Tapetenleim, nasser Sand im Buddelkasten oder am Strand. Und bei den ganz Kleinen leider auch mal der Inhalt der eigenen Windel – angenehm warm, weich und formbar. Auch Knetmasse, aber das matscht nicht so schön. Manche Kinder jedoch ekeln sich vor solchem Material, sie mögen keine matschigen, klebrigen, verschmierten Hände. Ob die Eltern daran so ganz unbeteiligt sind? Ob sie auf matschige Kinderhände zu oft mit »Igitt« und »Pfui!« reagiert, zu oft gemahnt haben: »Mach dich nicht schmutzig«, oder mehr, als die Hygiene verlangt, auf das Waschen schmutziger Hände bestanden haben?

Umgekehrt können Sie Kinder zu schöpferischem Tun auch anregen, gemeinsam Sandkuchen backen, am Strand Burgen bauen, gemeinsam Plätzchenteig bearbeiten. Oder sie dafür begeistern, eine schöne Vase auch mit den Händen zu betasten, ihre eleganten Formen und die Beschaffenheit der Oberfläche zu spüren.

Unser bevorzugter Sinn im Alltag ist fast immer das Sehen. Aber die meisten Kinder lieben auch Spiele mit verbundenen Augen oder Aktionen im Dunkeln. Gespenst spielen, gruselig heulen, sich gegenseitig suchen und fangen. Oder Nachtwanderungen. Da ist das Sehen sehr eingeschränkt, die übrigen Sinne müssen geschärft werden. Man muss sich tastend vorwärts bewegen, das zwingt zu Langsamkeit, Bedachtsamkeit und Umsicht.

Beliebt bei Kindergeburtstagen sind auch Spiele, bei denen Kinder unter einem Tuch Gegenstände betasten und dann raten müssen, was sie in den Fingern haben. Oder das Abtasten von Gesichtern mit verbundenen Augen. Wer ist denn da so klebrig um den Mund? Das kann doch nur Max sein, der hat eben noch einen Schokokuss gegessen.

Der Duft der großen, weiten Welt

Wenn ich an einem heißen Sommertag durch einen Kiefernwald gehe, überfällt mich oft eine sehr angenehme Erinnerung an meine Kindheit. Es ist der ganz spezifische Duft aus Kiefernnadeln, heißem Sand, Moos, vielleicht auch noch aus Pilzen oder Sträuchern, der dieses intensive Gefühl auslöst. Das ist sicher eine Erfahrung, die nur mich betrifft, denn ich habe als Kind viele Stunden im Kiefernwald zugebracht. Andere Menschen mit anderen Erfahrungen sagen bei anderen Gerüchen, dass sie »nach Kindheit riechen«.

Aber es gibt auch Geruchserlebnisse, die vielen Menschen gemeinsam sind. Der Duft von bestimmten Pflanzenölen kann beleben, beruhigen, heilen. Andere Gerüche beunruhigen uns, wirken unangenehm, lassen uns zögern oder zurückweichen. Sehr oft sind Gerüche eng mit einem Gefühl verknüpft, denn unser Geruchssinn ist direkt mit dem Gefühlszentrum in unserem Gehirn verbunden. Mit dem Gefühl, das eine bestimmte Situation in unserer Vergangenheit auslöste, ist auch der dazugehörende Geruch gespeichert. Diese Verknüpfung soll uns helfen, uns schnell zu orientieren, Angenehmes zu suchen und Unangenehmes oder Gefährliches zu meiden. Zwar ist dieses System bei uns Menschen, die wir mehr auf Augen und Ohren, vor allem aber auf die Sprache als Warnsystem setzen, nicht mehr von so zentraler Bedeutung wie bei vielen Tieren. Trotzdem lohnt es sich, diesem Stiefkind der Sinne nachzuspüren und es zu pflegen.

Bei kleinen Kindern ist diese Verknüpfung noch stärker ausgeprägt als bei uns Erwachsenen. Ein unruhiges Baby zum Beispiel schläft oft ruhiger, wenn man ihm ein getragenes Nachthemd oder T-Shirt seiner Mutter ins Bettchen legt. Und Schlaftier oder Schnuffeltuch müssen schon ein bisschen müffeln, um ihre beruhigende Wirkung zu entfalten – zu emsiges Waschen ist unangebracht.

Wenn man Kindern bei der Erkundung der Welt hilft, sollte man deshalb möglichst oft auch die Nase beteiligen. Also nicht nur »guck mal«, sondern auch »riech mal« – wonach riecht das? Was duftet, was stinkt? Wie riecht eine Heckenrose, eine Erdbeere, ein Blumenkohl? Welcher Geruch gefällt dir – und welcher nicht?

Da gibt es vieles zu entdecken, was wir im augenfixierten Alltag leicht über... – nein, nicht übersehen, überriechen!

Sieht das schön aus!

Kinder haben, was die Ästhetik angeht, oft ihren eigenen Geschmack. Kleine Mädchen stehen meist auf pink und rosa, sie mögen oft Neonfarben in schriller Mischung.

Wenn ich ihre Freude am Betrachten erhalten will, dann muss ich sie ihre Umgebung auch so gestalten lassen, wie sie ihnen Freude macht. Ich kann ihnen erklären, dass ich andere Farben und andere Zusammenstellungen lieber mag. Das werden sie registrieren und akzeptieren, denn ich trage ja zum Beispiel auch andere Kleidung als sie. Und als Anregung für die ästhetische Bildung ist diese Erklärung genug. Ich sollte ihnen aber nicht einreden, dass das, was sie schön finden, grässlich aussieht. Dann würde ich Ihnen die Botschaft vermitteln, dass sie ihren eigenen Augen nicht trauen können. Und das wäre schade.

Und trotzdem gerät unsere Toleranz gegenüber kindlichen Gestaltungsversuchen manchmal an Grenzen. Wenn sie anfangen, unsere weißen Tapeten mit Buntstiften farblich zu verschönern, mögen wir das nicht so. Dabei ist dieses Bedürfnis nach künstlerischem Wandschmuck uraltes Erbe. Mit wie viel Ehrfurcht betrachten wir schließlich die Höhlenmalereien unserer Vorfahren. Eine große kahle Wand ist eben eine Riesenherausforderung für einen Künstler!

Dieses kindliche Gestaltungsbedürfnis braucht einen Platz. Ich kann eine Maltafel anschaffen, große Bögen Packpapier an die Wände heften oder die Wände im Kinderzimmer freigeben, wenn dafür die übrigen Räume verschont werden. Außerdem kann ich Kinder immer wieder anregen, Dinge so zu arrangieren, dass sie auch das Auge erfreuen. Ich kann den Tisch schön decken und eine Blume daraufstellen, ich kann mit ihnen zusammen bunte Kissen fürs Sofa aussuchen oder Schulmappe oder Fahrrad in der Lieblingsfarbe kaufen – in ihrer wohlgemerkt, nicht in meiner.

Wie schmeckt das?

Auch beim Essen plädiere ich dafür, Kindern ihren ganz eigenen Geschmack zu lassen und einem kleinen Verweigerer seine Abneigung nicht mit einem »Ach was, das schmeckt doch gut!« wegzureden. Sicher ist es schön, wenn ich ihn dazu kriege, wenigstens mal zu probieren, denn was er nicht kennt, kann er auch nicht beurteilen. Aber zwingen sollte ich ihn nicht.

Im Kapitel über das Essen beschreibe ich, dass Kinder einen guten Sinn dafür haben, was sie brauchen. Ihre Vorlieben und Abneigungen zeigen das. Dass sie dabei richtiger liegen können als die ach so überlegenen Erwachsenen, zeigt das Beispiel Spinat. Jahrzehntelang haben Eltern kleine Kinder mit Spinat traktiert, weil er so besonders eisenreich und deshalb gesund sein sollte. Und immer wieder haben diese renitenten Kleinen den Spinat an die Wand geprustet. Bis sich herausstellte, dass sich der Wissenschaftler, der den Eisengehalt feststellte, um eine Zehnerstelle vertan hatte. Und alle anderen hatten das von ihm abgeschrieben. Außerdem fand man heraus, dass Kleinkindern noch ein Enzym fehlt, das den Spinat für die Verdauung aufspaltet. Die Pruster hatten also recht!

Ansonsten gilt auch hier, dass es besser schmeckt, wenn mehrere Sinne beteiligt sind. Auch die Hände möchten wissen, wie sich das anfühlt, was der Mund aufnehmen soll. Das kann Exzesse geben, die man verhindern möchte. Aber sind ein abwischbares Tischtuch und ein teppichfreier Fußboden unter dem Esstisch nicht besser als eine Abfütterung mit festgehaltenen Händen?

Und auch das Auge isst mit, wie wir wissen. So manches Gericht reizt Kinder, die mit den Händen schon etwas geübter sind, zur Gestaltung. Kartoffelbrei mit rotem Ketchup verrührt wird rosa, man kann daraus einen Berg formen, die Frikadelle oben drauflegen und das Ganze mit einem Blumenkohlbaum krönen. Warum nicht, wenn das Aufessen dann mehr Spaß macht? Oder darf man mit Essen nicht spielen?

Kinder hören anders

Schon ein Baby von wenigen Monaten beginnt, Geräusche zu produzieren und sich an dem, was es da hört, zu erfreuen. Voller Vergnügen brabbelt und gurrt, kiekst und lallt es. Später, wenn das Kind sprechen lernt, spielt es auch mit der Sprache. Es zerzaust die Wörter, amüsiert sich über manche Ausdrücke, erfindet Quatschwörter und lustige Reime. Leider sind wir Erwachsenen oft zu sehr darauf fixiert, ihm beizubringen, wie man »richtig« spricht, statt solche kreativen und lautmalerischen Spiele mitzumachen.

Auch ältere Kinder mögen es, allerlei Geräusche zu machen – blubbern mit dem Strohhalm, kratzen mit dem Löffel auf dem Teller, auch pupsen oder rülpsen. Dabei können sie sich köstlich amüsieren – Erwachsenen gefällt das weniger. Aber müssen wir immer gleich so humorlos sein?

Den Zugang zu Musik finden Kinder leichter, wenn sie selbst mit Tönen spielen dürfen – auf Büchsen schlagen, auf Holz klopfen, in hohle Gefäße hineinbrüllen. Mit einem Löffel auf einen Topf, eine Blechbüchse, eine Plastikschüssel schlagen, Reis oder Erbsen in einem Glas schütteln, mit dem Schlüsselbund klappern, mal laut, mal leise, abwechselnd, in bestimmtem Rhythmus … Der Phantasie sind da keine Grenzen gesetzt. Und solche Experimente sind schon eine Brücke zum Erleben von Musik. Zu diesem Rhythmus kann man sich auch bewegen – den Kopf wiegen, in die Hände klatschen, aber auch mit dem ganzen Körper hüpfen und tanzen. Und so wieder mehrere Sinne lustvoll vereinen.

Auch der kindliche Umgang mit einem Instrument ist zunächst eher sinnlich als geordnet. Zwar mögen sie feinen Tönen lauschen und sind auch oft bereit, korrekt zu spielen, sie wollen aber auch mal Gewitter auf dem Klavier oder grässliche Quietschlaute auf der Geige produzieren. Wenn wir in dieses lustvolle und experimentelle Hören zu früh und zu gründlich disziplinierend eingreifen, geht an Kreativität und auch an Spaß vieles verloren.

Laute und leise Töne

Früher, in autoritären Zeiten, gab es den Spruch: »Kinder darf man sehen, aber nicht hören.« Das ist Kinderquälerei, und das ist zum Glück vorbei. Da, wo Kinder spielen und toben, ist es meistens laut. Aber auch unsere Umgebung wird immer lauter. An Industrielärm, an das Rauschen und Brummen von Flug- und Straßenverkehr und an den knatternden Rasenmäher des Nachbarn haben wir uns längst gewöhnt. Als ich meine Söhne einmal fragte, warum sie immer so schrecklich laut reden, meinten sie: »Das haben wir uns in der Schule angewöhnt. Wenn wir da nicht laut reden, hört uns keiner.«

Auch Eltern werden viel zu oft laut, meist dann, wenn sie das Gefühl haben, sonst nicht ernst genommen zu werden. Das gegenseitige Sichanbrüllen bei der Erziehung mag zwar manchmal zur Aggressionsabfuhr ganz effektiv sein, pädagogisch ist es das nicht. Sie müssen immer lauter werden, um noch etwas zu erreichen, aber auch die Reizschwelle der Kinder wird immer höher.

Wenn ich einem Kind nachdrücklich klarmachen will, was ich von ihm erwarte, wende ich mich ihm am besten auf Augenhöhe zu, berühre es fest (aber nicht aggressiv!) und sage ihm leise, aber deutlich, was ich will. Das hat zehnmal größere Aussicht auf Erfolg als das Anschnauzen aus der Distanz. Schon dadurch lässt sich der Geräuschpegel in der Familie erheblich reduzieren.

Wenn aus Kindern dann Jugendliche werden, haben sie es selbst gern laut. Sie gehen in die Disco und zu Popkonzerten, sie drehen die Musik, die sie sich in die Ohren leiten, so laut auf, dass man noch mithören kann, wenn man im Bus neben ihnen sitzt. Aber da ist offenbar eine Grenze überschritten. Ohrenärzte schlagen Alarm, denn immer mehr junge Menschen haben schon Hörschäden. Deshalb scheint es geboten, sich ausgleichend für leisere Töne starkzumachen.

Bei vielen Gelegenheiten ist es an uns, die Kinder auch Stille erleben und genießen zu lassen. Fernseher und Radio müssen keine akustische Dauerberieselung sein, das leise Ticken einer Uhr, der ferne Gesang einer Amsel im Park sind Reize, denen man lustvoll nachspüren kann, die beruhigen und angenehme Gefühle auslösen, wenn man sie nur beachtet. Aber dazu muss man eben bereit sein, hin und wieder mal selbst ganz still zu sein und keinen Krach zu machen.

10. Zärtlichkeit ist Nahrung für die Seele

Wenn wir von Sinnesorganen reden, dann denken wir vor allem an Augen, Ohren und den Geschmacks- und den Geruchssinn. Aber unser größtes und womöglich wichtigstes Sinnesorgan ist unsere Haut. Das Neugeborene macht sehr wichtige Erfahrungen zunächst über die Haut – grobe, raue Berührungen lassen es erschrecken, die zarte Umhüllung mit warmer Haut, sanftes Streicheln, zärtliche Hände beruhigen es. Ob die Welt gütig, gewährend und annehmend ist oder fremd, kalt und beängstigend, das erfährt es über Berührungen. Und das ist wesentlich für seine gesunde Entwicklung.

Seit Jahrzehnten weiß man, dass sich Frühchen, die fürs Überleben noch auf den Brutkasten angewiesen sind, besser entwickeln, wenn man sie regelmäßig herausnimmt und mit all ihren notwendigen Schläuchen der Mutter oder dem Vater zum Liebkosen auf die nackte Brust legt.

Und so machen auch wir Erwachsenen diesem neuen, kleinen Wesen unsere ersten Mitteilungen über unsere Haut und unsere Hände. Ein älteres Kind kann ich auch mit den Augen und mit meiner Stimme streicheln, aber das Berühren bleibt doch der unmittelbarste und auch der ehrlichste Ausdruck unserer Gefühle. Und er wird auch vom Kind am unmittelbarsten verstanden.

In den letzten Jahren ist man mehr und mehr den körperlichen Vorgängen auf der Spur, die solche emotionalen Vorgänge begleiten. Man hat festgestellt, dass beim zärtlichen Umarmen, beim Streicheln, Kuscheln und sanften Massieren das Hormon Oxytocin ausgeschüttet wird. Es reduziert Stress, vermindert Angst, macht empfänglicher für die Emotionen des anderen und lässt Vertrauen entstehen. Und da an Zärtlichkeiten ja immer zwei beteiligt sind, denn wer berührt, empfindet immer auch selbst Berührung, gilt das für beide!

Was für ein Wundermittel steht uns da zur Verfügung – nicht

nur für den Umgang mit unseren Kindern, sondern auch für unsere Partnerschaft. Zärtlichkeit ist also ein Lebenselixier, das sich segensreich auf unser Verhalten und auf unsere Gesundheit auswirkt.

Bloß nicht »verzärteln«?

Das hat man in der Vergangenheit nicht immer so gesehen. Speziell der preußischen Erziehung war Zärtlichkeit suspekt. Härte, Selbstentsagung, Tapferkeit waren besonders als männliche Tugenden gefragt. Folgerichtig hat man im vorletzten und beginnenden letzten Jahrhundert oft ausgediente Soldaten zu Lehrern und Erziehern gemacht. Und von den Heranwachsenden wurden natürlich ebenfalls soldatische Tugenden erwartet. »Gelobt sei, was hart macht«, war oftmals die Devise.

Wenn es auch in der Weimarer Republik viele neue, menschenfreundlichere pädagogische Konzepte gab, in der Zeit des Nationalsozialismus war das Soldatische dann noch einmal höchstes Erziehungsziel. Mütter wurden davor gewarnt, ihre Kinder ja nicht zu verwöhnen oder zu »verzärteln«, zu viel zu liebkosen oder auf ihre vitalen Bedürfnisse großzügig einzugehen. Auch wenn das zum Glück längst vorbei ist, geistert die Angst vor zu viel Verwöhnung immer noch durch so manchen Kopf von Eltern oder Großeltern.

Deshalb will ich das noch einmal ausdrücklich betonen: Es ist niemals Verwöhnung, wenn ich einem Kind so viel an Zärtlichkeit zukommen lasse, wie es nur irgend mag. Durch meine Zärtlichkeit macht es die grundlegenden, später kaum aufholbaren Erfahrungen über die Welt, und es gewinnt das, was die Psychologen Urvertrauen nennen, Erfahrungen, die später die wesentliche Basis für Optimismus, Standfestigkeit und Selbstvertrauen bilden. Und nur wer selbst Zärtlichkeit in ausreichendem Maße empfangen hat, entwickelt selbst die Fähigkeit, zärtlich zu sein.

Unzuträgliche Verwöhnung ist etwas anderes. Wenn ich dem heranwachsenden Kind durch meine Überfürsorglichkeit zu viel Steine aus dem Weg räume, ihm zu wenig Gelegenheiten lasse, selbst Schwierigkeiten zu meistern und sich zu beweisen, was es alles schon kann. Aber das ist hier nicht unser Thema.

Zärtlichkeit ist erotisch

Manche Eltern sind gehemmt beim Austausch von Zärtlichkeiten, weil das in ihrer Familie bislang nicht so üblich war und sie selbst wenig körperliche Zärtlichkeit empfangen haben. Auch kulturelle Eigenarten spielen eine große Rolle und die Einstellung zur Sexualität. Denn wer zum Beispiel den nackten Körper seines Kindes betrachtet oder zärtlich streichelt, empfindet durchaus, dass das auch ein sinnliches, erotisches Empfinden bei ihm auslösen kann. Darf das sein?

Das kann gar nicht anders sein, wenn man nicht selbst völlig gefühlskalt ist. Es wäre aber ein großer Verlust, wenn Eltern aus Angst vor der eigenen Sinnlichkeit die zärtlichen Kontakte mit den heranwachsenden Kindern meiden würden.

Die meisten Eltern spüren auch sehr genau, wie weit die für beide segensreiche elterliche Zärtlichkeit gehen darf. Sinnliches Empfinden und sexuelle Lust sind zwar verwandt, aber nicht zwangsweise gekoppelt. Es ist eine schwere Beeinträchtigung, wenn Menschen sich sinnliche, zärtliche, erotische Gefühle verbieten aus Angst vor ihrer Nähe zur Sexualität. Das betrifft sowohl den Umgang mit Kindern, als auch den unter Erwachsenen.

Durch lange dauernde, sehr prüde kulturelle Traditionen haben wir viele Äußerungen mitmenschlicher Zärtlichkeit unter Sexualitätsverdacht gestellt und deshalb nur noch in diesem Bereich zugelassen. Einen Mann zärtlich streicheln? Als Frau – nur wenn er der Angetraute ist. Als Mann – ich bin doch nicht schwul! Und bei Frauen entsprechend.

Seit einigen Jahrzehnten ändert sich das, sicher auch unter dem Einfluss anderer Kulturen. Zuerst waren es die Frauen, die sich, auch in der Öffentlichkeit, in den Arm nahmen, küssten, streichelten. Das wird inzwischen als unverdächtig akzeptiert. Und auch zwischen den Geschlechtern wird das gegenseitige Umarmen und Küssen immer selbstverständlicher, ist allerdings vielfach – besonders sichtbar bei Politikern – zur bloßen Formsache verkommen und wirkt alles andere als herzlich.

Trotzdem sehe ich in dieser Erlaubnis zum öffentlichen Abschmatzen einen positiven Trend. Ich jedenfalls genieße es, dass ich heute einem lieben Freund spontan um den Hals fallen darf, ohne seine Frau zu kränken, ohne selbst in den Verdacht zu kommen, ich »hätte was mit ihm«. Und ich denke, den lieben Freunden geht es genauso.

Streichelspiele und Massagen

Heute sehen wir, was den Umgang mit kleinen Kindern angeht, auch über den Tellerrand unserer eigenen kulturellen Tradition hinaus. Wir sehen, dass italienische oder türkische Eltern zum Beispiel viel körperbezogener mit ihren Kleinkindern umgehen; wir haben uns aus anderen Kulturen abgeguckt, dass Babys, die am Körper getragen werden, viel ruhiger und zufriedener sind, wir lernen aus der indischen Kultur die Babymassage, wie sie vor allem Frédérick Leboyer durch sein Buch »Sanfte Hände« bekannt gemacht hat. Aus diesem Buch stammen auch die folgenden Zeilen:
Berührt, gestreichelt und massiert werden,
das ist Nahrung für das Kind.
Nahrung, die genauso wichtig ist,
wie Mineralien, Vitamine und Proteine.
Nahrung, die Liebe ist.
Wenn ein Kind sie entbehren muss,
will es lieber sterben.
Und nicht selten stirbt es wirklich.«

Dass zärtliche Berührungen beruhigen, auch heilen können, das wissen wir im Grunde alle. Ganz instinktiv beruhigen wir ein Baby auf dem Arm, indem wir ihm zart rhythmisch auf den Rücken klopfen. Oder wir massieren sein Bäuchlein, wenn wir vermuten, dass es Blähungen hat. Wenn ein Kind sich wehgetan hat, streicheln und massieren wir die schlimme Stelle oder pusten den Schmerz weg. Oder wir wiegen das Kind leise im Arm und singen »heile, heile Segen« dazu.

Wir alle kennen Verse und Lieder, zu denen wir das Kind an bestimmten Stellen kraulen, streicheln, zupfen. Erinnern Sie sich?

▶ »Kommt ein Mann die Treppe rauf …« – Der Erwachsene läuft mit seinen Fingern den Arm des Kindes hinauf, fragt an mehreren Stationen: »Wo wohnt der Doktor?«, und antwortet: »Eine Treppe höher.« Ist er auf der Schulter angekommen, heißt es:

»Hier wohnt der Doktor – klingelingeling (Zupfen am Ohr-läppchen), klopf, klopf, klopf (an die Stirn), guten Tag, Herr Doktor (Zupfen an der Nase).« – Oder:

▶ »Das ist der Daumen, der schüttelt die Pflaumen, der hebt sie auf, der trägt sie nach Haus, und der kleine, der isst sie alle ganz alleine auf.« – Dabei zupft man an den fünf Fingern der kindli-chen Hand, und beim letzten knuddelt man das Kind zärtlich. – Oder:

▶ »Da hast 'nen Taler, kauf dir 'ne Kuh, ein Kälbchen dazu, Kälb-chen hat ein Schwänzchen, Willewillewänzchen.« – Bei jeder Zeile streicht man dem Kind über die Handfläche, beim Wille-willewänzchen wird wieder geknuddelt.

Vielleicht kennen Sie auch ganz andere Streichelspiele oder denken sich selbst welche aus. Kinder mögen das sehr! Alle diese Berüh-rungen sagen einem Kind deutlicher als Worte: »Ich bin da, ich nehme dich wahr und ich hab dich lieb.«

Wer sich genauer mit der Babymassage beschäftigen will, dem empfehle ich das genannte Buch von Leboyer. Babymassage ist al-lerdings kein Wundermittel, das man wie ein Rezept nachmachen kann, sondern eine besondere Art der Kommunikation. Wenn Sie selbst keinen Spaß daran haben, wenn Sie wenig Zeit haben oder die Gelassenheit nicht aufbringen, die dazu unabdingbar ist, dann wird auch Ihr Kind keinen Gewinn daraus ziehen können. Viel-leicht gelingt es Ihnen aber, das Baden und Wickeln zu einem zärt-lich-sinnlichen Ereignis zu machen.

Ein Kind ist kein Kuscheltier

Eine korrigierende Anmerkung ist mir bei all der Betonung von Zärtlichkeit doch wichtig. So ein kleines, weiches Wesen lädt uns zum Knuddeln geradezu ein – und so reizt es uns als Eltern, Groß-eltern oder als Verwandte und Bekannte so manches Mal, das Kind einfach so aus seinen Aktionen heraus zu greifen und erst mal herz-lich abzuschmatzen. Oft genug ist die Reaktion des Kindes dann ein empörtes Strampeln und Kreischen. Recht hat es!

Denn Zärtlichkeit muss immer eine gegenseitige Angelegenheit sein. Sie kann und darf niemandem aufgedrängt werden, dem im

Moment gar nicht danach zumute ist, und schon gar nicht von jemandem, mit dem es gar nicht zärtlich sein möchte. Prüfen Sie, was Sie empfinden würden, wenn jemand Sie so anfallen würde. Der Respekt vor dem Kind verlangt es, dass ich es nur zärtlich berühre, wenn es das möchte oder sich deutlich als dafür empfänglich zeigt. Es soll von klein auf lernen, dass es seinen eigenen Gefühlen vertraut, dass es Sympathie ebenso kundtun darf wie Widerstand oder Misstrauen und dass die Erwachsenen sich danach richten. Das ist wichtig für die Entwicklung seiner eigenen Gefühlssicherheit und die wiederum ist wichtig als Schutz vor sexuellem Missbrauch. Darauf werde ich im Kapitel »Wie schütze ich mein Kind vor sexuellem Missbrauch?« (Seite 130 ff.) noch genauer eingehen.

Nuckeln – sich selbst beruhigen
Die Fähigkeit zu nuckeln übt ein Baby schon lange, bevor es zur Welt kommt, das kann man auf Ultraschallfotos sehen. Diese Fähigkeit sichert die Ernährung, sie hilft dem Säugling aber auch, sich selbst zu beruhigen. Und so ein kleines Leben ist manchmal ganz schön aufregend!

Auch beim lustvollen Saugen des Kindes entsteht Oxytocin, dessen segensreiche Wirkung ich weiter oben beschrieben habe. Ein Baby, das sich selbst beruhigen kann, ist autonomer, weniger von Hilfe abhängig. Es ist auch eine Erleichterung für die Eltern. Kinder mit Nuckel im Mund dösen oft selbstvergessen vor sich hin, schlafen vor allem leichter ein. Das darf allerdings nicht dazu führen, dass man sie immer gleich mit so einem Stöpsel ruhigstellt, wenn sie mal ungeduldig oder quengelig sind. Kinder müssen auch aktiv, unternehmungslustig und wild sein. Sie müssen Protest anmelden dürfen, wenn ihnen etwas nicht passt oder vor Ärger oder Lebensfreude auch laut kreischen dürfen. Das darf man nicht einfach »wegstöpseln«! Trotzdem: Gelegentlich ist so ein Tröster sehr hilfreich.

Manche Kinder haben auch ein Schnuffeltuch, ein Stückchen Fell, ein Schmusekissen, in das sie beim Nuckeln zusätzlich ihr Näschen drücken. Dieses Ding sollte überallhin mitgenommen werden, wo es kritisch werden könnte, zum Kinderarzt, zur Tagesmutter, zur Eingewöhnung in den Kindergarten. Und bitte nicht so oft waschen – auch der vertraute Geruch gehört dazu! Das Ding darf ruhig etwas grau und zerlutscht aussehen, kein Grund, sich dafür zu schämen.

Manche Erwachsene finden es besorgniserregend, wenn noch eine Vier- oder Fünfjährige im Kindergarten still versonnen in der Ecke hockt, den Daumen im Mund, mit der anderen Hand Löckchen in ihren Haaren drehend. Wahrscheinlich hat dieses Kind eine »Auszeit« nötig – weil es müde oder erschöpft ist, weil jemand es gekränkt hat oder weil es etwas Frustrierendes zu verdauen hat. Diese Auszeit nimmt es sich, zieht sich zurück, hilft sich selbst. Und wenn es davon genug hat, macht es weiter – toll! Erwachsene müssen dazu oft erst Yoga oder autogenes Training lernen.

Ist ein Kind zwischen diesen Rückzugsphasen vergnügt und munter und hat es guten Kontakt zu anderen, dann gibt es keinen Grund zur Besorgnis. Wohl aber, wenn es häufig traurig oder bedrückt wirkt. Oder wenn ein Kind, das sonst wenig nuckelte, plötzlich ungewöhnlich häufig mit Schnuller oder Daumen im Mund dasitzt. Was hat es zu verarbeiten? Wie kann man ihm dabei helfen?

Wie intensiv ein Kind nuckelt und in welchem Alter es bereit ist, diese Gewohnheit aufzugeben, das kann sehr unterschiedlich sein. Es gibt kein bestimmtes Alter, in dem Kinder mit dem Nuckeln aufzuhören hätten. Die meisten tun es irgendwann von allein, und man muss gar nicht so ein Theater darum machen. Viel Aktivität und interessante Unternehmungen machen es leichter, auf den Tröster und Beruhiger zu verzichten. Wenn allerdings der Zahnarzt drängelt oder andere Kinder anfangen, das Nuckelkind zu hänseln, kann man schon versuchen, die Nuckelei zu reduzieren. Man kann dem Kind raten, Schritt für Schritt nur noch zu Hause, im eigenen Zimmer, im eigenen Bett zu nuckeln. Raten wohlgemerkt – nicht vorschreiben! Wann ein Kind ganz von Schnuller oder Nuckel lassen will, sollte immer seine Angelegenheit bleiben.

Erwachsene dürfen das Kind nicht lächerlich machen, nicht schimpfen oder gar strafen. Zwangsmaßnahmen wie Wegnehmen, bittere Bepinselungen, Pflaster oder Klammern auf den Daumen beschädigen das Sebstbewusstsein und das Lebensgefühl des Kindes. Wie würden Sie sich fühlen, wenn jemand versuchen würde, Ihnen mit solchen Methoden das Rauchen abzugewöhnen? Dabei ist Rauchen sehr gesundheitsschädlich, Nuckeln kaum. Und im Zweifelsfall ist ein verbogenes Gebiss immer noch leichter geradezubiegen als eine verbogene Seele.

Bolzen statt streicheln

Ältere Kinder, insbesondere ältere Jungen, genieren sich oft, wenn sie weiter ihrem Bedürfnis nach zärtlicher Berührung Ausdruck geben. Deshalb suchen sie Körperkontakt, vor allem mit Gleichaltrigen, vielleicht aber auch mit Mutter oder Vater, eher in wilden Rauf- und Bolzspielen. Ähnliches findet man aber auch noch im Verhalten erwachsener Männer. Bei Begrüßungen etwa, wo Frauen sich eher umarmen und Küsschen geben, schlagen sie sich auf die Schulter, geben sich einen Stoß vor die Brust oder schlagen die Fäuste aneinander. Aus der Körpersprache übersetzt heißt das so viel wie: Ich könnte dich angreifen und verletzen, aber das tue ich nicht, denn ich mag dich.

Offene Zärtlichkeit unter Männern gilt wohl nach wie vor als unmännlich. Jungen also, die miteinander rangeln und raufen und ihre Kräfte messen, die befriedigen auf diese Weise auch ihr Bedürfnis nach körperlicher Nähe. Sie spüren die Lebendigkeit, die Kraft und Geschicklichkeit ihres eigenen Körpers hautnah im Kontakt mit dem anderen. Tritt einer dabei dem anderen zu nahe oder fügt er ihm Schmerzen zu, dann kann so eine Rangelei allerdings schnell in einen aggressiven Streit übergehen.

Erwachsene sind dann oft unsicher, wie sie reagieren sollen. Oft ernten sie beim Versuch, sich einzumischen, ein zweistimmiges: »Lass uns doch mal in Ruhe!« Das ist ein gutes Merkmal, nach dem man sich richten kann: Solange beide mit Eifer bei der Sache sind, niemand seine zeitweilige Überlegenheit böswillig ausnutzt, solange keiner weint und um Hilfe bittet, so lange kann man sie machen lassen.

Den Kindern sollte man aber als klare Regeln vorgeben:

▶ Nicht mehrere auf einen.
▶ Niemals raufen mit einem harten Gegenstand in der Hand.
▶ Niemals treten mit Schuhen an den Füßen.
▶ Wenn einer aufhören will oder weint, muss Schluss sein.

So lernen Kinder auch bei solchen Raufereien, die Reaktionen des anderen zu beachten, aufkommende heftige Gefühle der Wut und Aggression so weit zu zügeln, dass sie keinen ernsthaften Schaden anrichten. Wichtig finde ich auch, dass man demjenigen, der weint und sich geschlagen gibt, so weit wie möglich das demütigende Gefühl der Unterlegenheit erspart. Denn das ist vielfach Quelle neuer Wut, die nach Rache heischt.

11. Sexualität – kommt das nicht erst später?

In unserem Erziehungsverhalten führt Sexualität immer noch ein Schattendasein. Das hat seine Ursachen in unserer kulturellen Tradition, auf die ich gleich noch weiter eingehen werde. Was mit diesem Thema zu tun hat, das schieben wir gern vor uns her, da halten wir manches für »zu früh«, da drücken wir uns vor, weil wir nicht recht wissen, wie wir es machen oder sagen sollen. Das Ganze ist ein bisschen peinlich und unangenehm. Nach wie vor.

Dabei ist Sexualität ja nicht nur das, was mit den Geschlechtsorganen und der Fortpflanzung zu tun hat. Sexualität ist eng verwoben mit vielen anderen Bereichen, mit Sinnlichkeit, mit Lust, mit dem Bedürfnis nach Zärtlichkeit.

Viele unserer lebensnotwendigen Impulse und Verhaltensweisen sind von Natur aus mit Lustgefühlen verbunden, damit wir sie immer wieder suchen. Wir essen und trinken, wir spüren und sehen mit sinnlicher Lust. Auch das lustvolle Saugen des Babys hat eine sexuelle Komponente, ebenso die Zärtlichkeit als Lust am Berühren und Berührtwerden, die Lust, warmes Wasser oder warme Luft an seinem nackten Körper zu spüren, die Lust, seine Sinne zu gebrauchen und die Welt in sich hineinzusaugen.

Dieser lustvolle Aspekt an allem Lebendigen bewirkt, dass wir uns der Welt stellen, dass wir Freude daran haben, Neues zu entdecken, neue Erfahrungen zu machen. Sinneslust und Lust am Leben und letztlich eben auch daran, dieses Leben weiterzugeben, all das gehört zusammen. Deshalb kann man auch keine klare Grenze definieren zwischen sexuell und nicht sexuell.

Die Folgen der Körperfeindlichkeit
Doch diese Erkenntnis ist in unserer Kultur noch relativ jung. Die körper- und sexualfeindliche Einstellung, die im Viktorianischen Zeitalter in der zweiten Hälfte des 19. Jahrhunderts einen Höhepunkt hatte, wirkt sich auch heute noch aus. Das war eine Zeit, in

der man den unverhüllten Körper weder sehen noch hören oder gar riechen durfte. Der weibliche Körper wurde unter üppigen Lagen von Stoff versteckt, das Entblößen eines weiblichen Fußknöchels galt schon als frivol und selbst bei Klavieren verhüllte man die Beine!

In dieser kulturellen Tradition versuchte man, Anzeichen von Sexualität bei Kindern erst dann wahrzunehmen, wenn es gar nicht mehr anders ging, also in der Pubertät. Deshalb wurde noch bis weit ins 20. Jahrhundert hinein die Kindheit als »rein und unschuldig« deklariert. Sexuelle Empfindungen erkannte man erst mit dem Eintreten der Geschlechtsreife an. Die Aufgabe der Erziehung bestand folgerichtig darin, Kinder vor allem Sexuellen zu bewahren, vielfach wurde sogar empfohlen, ihnen Ekel und Abscheu beizubringen vor allem, was mit den Sexual- und Ausscheidungsorganen zu tun hat. Hier nahm das Versteckthalten des Sexuellen seinen Anfang.

Als Sigmund Freud zu Beginn des 20. Jahrhunderts von sexuellen Regungen bei Säuglingen sprach, wurde er heftig angefeindet. Inzwischen bezweifelt das kaum noch jemand. Wenn wir eine körperfreundliche, eine sinnenfreundliche Erziehung wollen, müssen wir wieder zusammenfügen, was zusammen gehört und auch die sexuellen Anteile in der kindlichen Entwicklung von Geburt an zur Kenntnis nehmen.

Wie Sexualität sich entwickelt

Die ersten lustvollen Erfahrungen macht das Neugeborene mit seinem Mund und seiner Haut. Es saugt voll Wonne an der Brust der Mutter – oder auch an der Flasche – es erfährt dabei das lustvolle Gefühl satt und wohlig schläfrig zu werden. Es lernt auch ziemlich bald, dieses »Wonnesaugen« – an einem Nuckel, an den eigenen Fäustchen – ohne Nahrungsaufnahme zur eigenen Beruhigung einzusetzen.

Das größte Sinnesorgan des Menschen aber ist die Haut. Auch für Erwachsene noch spielt das Streicheln des ganzen Körpers, die Zärtlichkeit, die Wärme des anderen Körpers in der sexuellen Begegnung eine ganz wesentliche Rolle.

Über die nackte Haut und über den Kontakt zur nackten Haut

von Mutter oder Vater erfährt das Baby die Lust der Berührung, erfährt es Zärtlichkeit, Wärme, Geborgenheit. Dies sind die Beobachtungen, die schon Freud machte, die ihn dazu brachten zu konstatieren, das Kind sei ein sexuell empfindendes, sexuell aktives Wesen von Geburt an. Freilich fasste er dabei den Begriff sexuell weiter, als viele von uns das gewöhnt sind.

Aber selbst wer als sexuell nur das bezeichnen mag, was direkt mit den Sexualorganen und deren Erregung zu tun hat, wird als aufmerksamer Beobachter feststellen, dass schon das Baby, kaum dass es gezielt tasten und greifen kann, seinen ganzen Körper, auch sein Geschlechtsteil, erforscht und erkennt, dass diese Berührungen sehr angenehme Gefühle auslösen können. Schon mit einem Jahr sucht so manches Kleinkind gezielt diese genussvollen Berührungen – sofern man es lässt und nicht die untere Hälfte seines Körpers immer gleich wieder dick verpackt, sobald man sie gesäubert hat.

Auch wer beim Windeln und Baden den Penis oder die Vagina seines Kindes berührt, kann beobachten, wie es sich manchmal wohlig streckt und wie es das ganz offensichtlich genießt. Im Kindergartenalter dann ist gezieltes Masturbieren durch Ruckeln und Schubbern über Gegenständen ein durchaus nicht selten zu beobachtendes Verhalten. Auch sexuell getönte Freundschaften mit heftigen Umarmungen, mit Küssen und Streicheln, mit Liebeskummer und Eifersucht kennt jede erfahrene Erzieherin. Dass solche Beziehungen unabhängig sind vom Geschlecht der Partner, ist kein frühes Anzeichen für Homo- oder Heterosexualität.

Hinzu kommt bald auch die sexuelle Neugier. Die Kinder untersuchen und beobachten gezielt ihren Körper und den anderer Menschen, sie wollen wissen, wie die Körperteile heißen und wozu sie da sind. Das Zwei- bis Dreijährige erkennt, dass es ein Junge oder ein Mädchen ist, und ist meistens sehr daran interessiert festzustellen, wie die Organe des anderen Geschlechts aussehen. Das Vier-, Fünfjährige interessiert sich dann auch für das, was für Mädchen und Jungen, für Frauen und Männer typisch ist. In Vater-Mutter-Kind-Spielen ahmt es das, was es über die Geschlechtsrollen weiß und beobachtet, nach. Es weiß, dass Mütter die Kinder kriegen und Väter ihren Samen dazugeben müssen. Es stellt Fragen danach, wie Babys geboren werden und wie es selbst auf die Welt gekommen ist. Bekommt eine Mutter gerade ein Baby, und werden die Kinder unbefangen aufgeklärt, spielen sie mit Eifer auch »Kinder machen«, Schwangerschaft mit Kissen unterm Rock und Geburt. Den Erwachsenen zeigen sie dabei deutlich, was sie verstanden haben und wo noch nachgebessert werden muss.

Kindliche Unbefangenheit und die Reaktionen der Erwachsenen

Beliebt sind auch »Doktorspiele«, obwohl der Begriff aus der Zeit stammt, in der sexuelles Interesse versteckt werden musste. Wenn man sich nicht einfach so ausziehen, betrachten und untersuchen durfte, spielte man eben Arztbesuch, denn da ist es nun mal nötig, sich auch nackt zu präsentieren.

Viele Kinder zeigen heute recht ungeniert ihr Interesse an den Geschlechtsorganen. Sie wollen sich gegenseitig auf die Toilette begleiten, kleine Jungen veranstalten Wettpinkeln, kleine Mädchen versuchen, es ihnen gleich zu tun. Hier knüpfte Freud an, als er behauptete, alle kleinen Mädchen entwickelten einen »Penisneid«. Denn bei solchen Spielen sind sie ja wirklich benachteiligt. Hier sind ihnen Erwachsene die Information schuldig, welche Organe Mädchen innen haben, wo man es leider nicht sehen kann und dass diese Organe ihnen ermöglichen, später Babys zu bekommen, was nun mal die Männer nicht können. Dann wird sich das mit dem angeblichen Penisneid schon in Grenzen halten.

In dieser Zeit stoßen die Kinder mit ihrer ungehemmten Neugier leicht auf die Gehemmtheiten der Erwachsenen. Viele Kinder merken, dass Sexualität oder auch schon Nacktheit Bereiche sind, über die Erwachsene nicht so offen sprechen, auf die sie manchmal peinlich berührt oder gereizt reagieren. Deshalb verlegen sie sich lieber auf »Doktorspiele« im Verborgenen, auf heimliches Gewisper und Gegacker unter ihresgleichen.

Manche kommen auch nach Hause mit einem Repertoire an Ausdrücken, die sie aufgeschnappt, aber oft gar nicht verstanden haben. Was sie nur schnell bemerken: Als Schimpfworte gebraucht lassen sie manchen Erwachsenen erschreckt nach Luft schnappen – ist das nicht toll? Ich meine Ausdrücke wie »Arschficker«, was für

Kindergartenkinder wahrscheinlich deshalb so attraktiv ist, weil es den Ausscheidungsbereich und den sexuellen Bereich verbindet, dessen Bedeutung aber wohl kaum ein Kindergartenkind begreifen wird.

Für die Eltern ist das ein Appell, ihnen zum einen die Zusammenhänge genauer zu erklären, ihnen aber auch ruhig und unaufgeregt klarzumachen, dass das Ausdrücke sind, die man zu Hause zwar benutzen darf, um etwas zu fragen oder zu berichten, die man aber auf keinen Fall zum Angeben oder als Schimpfworte einsetzen darf. Wenn wir in dieser Weise sachlich bleiben, fällt ein wesentlicher Reiz für die Benutzung dieser Ausdrücke, nämlich die Fassungslosigkeit der Erwachsenen zu genießen, weg.

In prüder Umgebung haben spätestens die Schulkinder gelernt, ihr sexuelles Interesse vor den Erwachsenen zu verstecken. Das brachte seinerzeit Freud zu der irrigen Annahme, das Schulalter sei eine Latenzperiode, in der das sexuelle Interesse zurücktrete und erst in der Pubertät wieder auflebe. Aber auch zu seiner Zeit befanden sich Sex-Heftchen bei Jungen unter den Matratzen. Und Mädchen suchten hinter der Unterwäsche ihrer Mütter nach dem Aufklärungsbuch.

Sexualerziehung – mit welchem Ziel?

Wenn ich die kindliche Sexualität erziehen, also formen, in bestimmte Bahnen lenken möchte, muss ich mir zunächst darüber klar sein, welches Ziel meine Erziehung haben soll. In meinen Elterngruppen zu Erziehungsfragen lief der Versuch, dieses Ziel zu definieren, meistens auf etwa folgende Formulierungen hinaus:

▶ Ich möchte, dass mein Kind das sexuelle Empfinden als etwas Beglückendes, Paare Verbindendes, das Leben Bereicherndes kennenlernt.

▶ Ich möchte es zu einem Menschen erziehen, der ebenso Lust empfinden wie Lust schenken kann, so dass beide Partner dabei glücklich sind.

▶ Viele Väter und Mütter setzten noch hinzu: Ich möchte mein Kind in seiner sexuellen Entwicklung nicht den gleichen prüden, körperfeindlichen Einschränkungen aussetzen, denen ich noch ausgesetzt war.

Ich gehe davon aus, dass nicht allen Leserinnen und Lesern diese Formulierungen gefallen oder ausreichen werden. Denn gerade in diesem Bereich ist das, was man für erstrebenswert hält, sehr stark davon abhängig, wie man selbst erzogen worden ist und in welche kulturellen oder religiösen Traditionen man sich eingebunden fühlt. Nehmen Sie die Formulierungen deshalb, ebenso wie die folgenden Überlegungen zur Sexualmoral, so, wie sie gemeint sind – als Anregung zum Nachdenken über das, was Sie selbst wollen und für richtig halten.

Und die Moral?
Den Generationen vor uns wurden in Sachen Sexualmoral sehr strenge Regeln vermittelt, in anderen Kulturen gelten sie immer noch.

▶ Sexuelle Beziehungen waren nur im Rahmen der Ehe erlaubt, nicht vorher und nicht nebenher.
▶ Frauen sollten sich aufheben für *den* einen, nicht vorzeitig, nicht leichtfertig, nicht mehrmals eine Beziehung eingehen.
▶ Sexualität in der Ehe war »eheliche Pflicht«, hatte der Zeugung von Nachkommen zu dienen – dass sie auch Spaß machen konnte, blieb vielen Frauen ihr Leben lang verborgen.

Das war sehr klar und eindeutig, aber auch realitätsfern und menschenfeindlich. Deshalb hatte die Moral auch einen doppelten Boden. An der Oberfläche gab es die strengen moralischen Forderungen, die jeder offiziell anerkannte und vertrat, darunter war das, was die meisten wirklich taten. Aber sie taten es meistens mit schlechtem Gewissen.

Diese Moral führte zu unterschiedlich strengen Normen für Männer und Frauen. Denn sexuelle »Fehltritte« von Männern ließen sich leicht verheimlichen, solche von Frauen konnten gravierende und für alle sichtbare Folgen haben – sie bekamen Kinder. Zusätzlich verschärfend für Frauen war, dass Männer sicher sein wollten, dass Kinder, für die sie die Vaterschaft übernahmen, auch wirklich von ihnen gezeugt waren. Also waren die Normen für Frauen besonders rigoros. Männer dagegen wollten oder sollten »sich die Hörner abstoßen«, sie sollten voreheliche sexuelle Erfahrungen machen und »gingen fremd« – die Folgen traten woanders auf. In den letzten Jahrzehnten hat sich in unserem Kulturkreis ein anderer Umgang mit der Sexualität durchgesetzt.

▶ Paare leben ohne Trauschein zusammen, ziehen gemeinsam Kinder auf, werden auch von Vermietern und Ämtern als Familien anerkannt.
▶ Sexuelle Beziehungen werden auch akzeptiert, wenn sie nicht auf Dauer angelegt sind.
▶ Es gilt gleiches Recht für Männer und Frauen, eine Frau mit Erfahrung ist kein »gefallenes Mädchen« mehr.
▶ Und Sex darf Spaß machen, auch wenn er nicht zum Zweck der Zeugung stattfindet.

Aber geht womöglich mit dem Wegfall dieser starren Regeln die ganze Sexualmoral verloren? Darf jetzt jeder alles, was er will und was ihm Spaß macht? Das öffentliche Breittreten sexueller Themen, die frei gehandelte aggressive Pornografie, der ungebremste Sextourismus und die Kinderpornografie zeugen zweifellos von dieser Tendenz. Was können wir diesem Trend in der Erziehung unserer Kinder entgegensetzen? Müssen wir doch die alten Regeln hochhalten, damit unsere Kinder dieser Entwicklung nicht schutzlos ausgeliefert sind?

Ich denke, wir brauchen diesen alten Kodex nicht mehr, bei dem andere bestimmen, was erlaubt und verboten, was moralisch und unmoralisch ist. Wir brauchen vielmehr eine Richtlinie, die der individuellen Verantwortung Rechnung trägt, nach der jeder für sich selbst entscheiden kann und muss, was für ihn und den jeweiligen Partner moralisch vertretbar ist und was nicht.

Eine menschenfreundliche Sexualmoral
Schon vor einem halben Jahrhundert hat der britische Mediziner und Schriftsteller Alex Comfort versucht, so eine Richtlinie für

eine menschenfreundliche Sexualmoral zu formulieren, und die umfasste – als Ersatz für eine ganze Batterie von »Du darfst nicht ...« – ganze zwei Sätze:

▶ Du sollst die Gefühle eines Menschen nicht rücksichtslos ausnutzen und ihn nicht mutwillig enttäuschenden Erfahrungen aussetzen.

▶ Du sollst unter keinen Umständen die Zeugung eines unerwünschten Kindes riskieren.

Alex Comfort: Der aufgeklärte Eros. München 1964.

Das erscheint auf den ersten Blick enttäuschend wenig – aber ist es das wirklich? Es erlaubt nicht mehr den doppelten Boden, auf dem jeder – unter dem Mäntelchen der vorzeigbaren Moral – tut, was er will. Es zwingt jede und jeden Einzelne(n), sich einzustellen auf den einen Partner, mit dem sie oder er es gerade zu tun hat. Was möchte meine Partnerin, was freut sie, was kränkt sie? Das gleiche Verhalten kann moralisch vertretbar sein, wenn es dem anderen gefällt oder toleriert wird, aber unmoralisch, wenn es den anderen traurig macht oder enttäuscht.

Nach dieser Moral gibt es auch keinen Unterschied zwischen sexuellen Beziehungen in der Ehe oder außerhalb. Der Mensch ist entscheidend, nicht ein Stück Papier. Die eigene Ehefrau zu bedrängen, zu nötigen oder zu vergewaltigen ist genauso verwerflich wie erzwungener Sex mit einer Unbekannten. Ebenso wenig gibt es einen Unterschied zwischen Hetero- und Homosexualität. Nichts, was beiden Partnern Spaß macht, ist unmoralisch, mag es anderen, die anders empfinden, noch so seltsam oder »abartig« erscheinen. Sie müssen es ja nicht nachmachen!

Diese Regel verbietet aber jede Form sexueller Gewalt ebenso wie die Ausnutzung wirtschaftlicher Not zum Kauf von Willfährigkeit. Sie verbietet jede Form von Pornografie und Prostitution, die Frauen demütigt und beleidigt oder Männer zur Gewaltanwendung animiert. Die zweite Regel setzt nur konsequent fort, was die erste einfordert: Einfühlsamkeit und Rücksichtnahme. Wenn ich meinen Partner nicht mutwillig enttäuschenden Erfahrungen aussetzen darf, dann darf ich auch keinem Menschen das Schicksal bereiten, als ungewolltes Kind aufzuwachsen. Deshalb bin ich verantwortlich dafür, dass ich kein Kind zeuge oder empfange, das ich nicht annehmen und liebhaben kann.

So simpel die zwei Sätze von Comfort zunächst erscheinen mögen – sie erlauben klare Antworten auf sehr viele Fragen. Vor allem veranlassen sie zum Nachdenken. Und das ist gut so! Ich finde es wichtig, dass zunächst wir, die Eltern und Erziehenden, an diesem »Stein des (Denk-)Anstoßes« überprüfen, was wir in sexuellen Dingen vertretbar finden – und warum.

▶ Warum erscheint vielen Homosexualität nach wie vor als anstößig?

▶ Warum stört es uns, wenn sich eine Vierjährige mit ihrem Kindergartenfreund lustvollen Körperspielen hingibt?

▶ Warum stört es uns, dass die neue Partnerin unseres Bruders schon zwei Kinder aus anderen Beziehungen hat?

Wenn wir für uns selbst eine klare Linie gefunden haben, können wir auch unseren Kindern klare Antworten geben.

Mit der Geburt beginnen

Dass ein Kind zu einem einfühlsamen, liebesfähigen Menschen heranwächst, hat Voraussetzungen in der frühesten Kindheit. Zärtlichkeit, Sinnenfreude, Liebe kann ein Mensch nur empfinden, leben, an andere weitergeben, wenn ihm selbst Liebe und Zärtlichkeit geschenkt wurden, wenn seine Sinnenfreude liebevoll gefördert und nicht eingeengt wurde. Nur in einer solchen Atmosphäre lernt das Kind, seine liebevollen Gefühle so auszudrücken, dass sie auch bei anderen liebevolle Gefühle hervorrufen.

Deshalb ist Sexualerziehung viel mehr, als zu erklären, woher die Babys kommen. Jede körperfreundliche, sinnenfrohe Erziehung, jede Erziehung der Gefühle ist auch Sexualerziehung. Da aber all dies schon in anderen Kapiteln beschrieben wird, kann ich mich hier auf das Sexuelle im engeren Sinne beschränken. Und da ist das Darüberreden ein wichtiger Punkt.

Wie heißt das »da unten«?

Es ist Abholzeit im Kindergarten. Die Erzieherin unterhält sich gerade mit einer Mutter. »Tante Elli, komm schnell, ich krieg mein Glied nicht aus der Hose!« – Das ist Max, der mit seinen Hosenträgern nicht zurechtkommt. Tante Elli rennt, hilft und schon läuft alles, wie es soll. Die Mutter ist etwas pikiert. »Muss das heute alles so laut durch die Gegend gebrüllt werden?« »Ich bin froh darüber«, meint die Erzieherin, »sonst hätte Max sich jetzt in die Hose gemacht.« Max hat einen Namen für »das da unten«, und er hat auch keine Hemmungen, ihn sachgerecht zu gebrauchen. Das ist gut.

Mit diesem Namen und dem, was er bezeichnet, tun sich manche Eltern heute noch schwer. Schon wenn das Kleinkind gebadet wird, machen sie um die Geschlechtsteile eher einen Bogen. Da werden die Ärmchen gewaschen, die Beinchen, der Rücken, alles wird gestreichelt, liebevoll kommentiert und beim Namen genannt, es gibt Zupf- und Tätschelspiele, aber an einer Stelle werden die Hantierungen eher sachlich, aufs Notwendige begrenzt, Kommentare und Benennungen bleiben aus. Das Kind lernt: Diese Gegend ist nichts Erfreuliches, nichts zum Streicheln und Spielen, nichts, worüber man spricht, denn sie hat keinen Namen.

Auch wenn wir Namen geben, versuchen wir oft zu mogeln, wenn wir zum Beispiel vom Pullermännchen oder vom Pipimacher reden, denn wir versuchen uns damit auf die eine Funktion des Organs zu beschränken, die eben nicht die einzige ist!

Dann gibt es da noch das Zipfelchen, das Schwänzchen, die Muschi, die Spalte … Solche Worte gebraucht man eher im zärtlichen, familiären Umgang. Wir reden da ja auch vom Mäulchen, Ärmchen und Bäuchlein, benutzen nicht nur die nüchternen Bezeichnungen.

Aber spätestens wenn das Kind in den Kindergarten geht, braucht es auch sachliche Bezeichnungen für sachliche Gespräche. Da sind die zärtlichen Familienbezeichnungen ungeeignet, weil in jeder Familie etwas anderes gebräuchlich ist. Aber welche Bezeichnungen passen denn nun? Penis und Vagina? Glied und Scheide? Pimmel und Möse? Mir wären ja Glied und Scheide lieber als Penis und Vagina, denn wenn alle Körperteile deutsche Namen haben, warum soll es hier plötzlich lateinisch werden?

Andererseits scheinen sich Penis und Vagina eher durchzusetzen. Pimmel und Möse klingen manchem sicher noch zu ordinär. Aber da wir auf diesem Gebiet so lange sprachlos waren, bleibt uns gar nichts anderes übrig, als uns aus dem volkstümlichen Sprachschatz, der in die Schmuddelecke verbannt war, einige Begriffe herauszusuchen und sie durch die Art, wie wir sie gebrauchen, zu »säubern«.

Das trifft genauso zu, wenn wir den Vorgang des »Geschlechtsverkehrs« (was für ein grässliches Wort!) bezeichnen wollen. Das Wort »ficken« kann man heute schon in seriösen Zeitschriften lesen, obwohl es einigen wohl immer noch einen Schauer über den Rücken treibt, weil es, als sie Kinder waren, strengstens tabu war. Sie flüchten sich lieber in Formulierungen wie »Liebe machen«.

Junge Leute sind da jetzt schon lockerer, sie reden ungeniert von bumsen, pimpern, poppen oder noch anderem. Langsam füllt sich unser Alltagswortschatz wieder so, wie er auch in früheren Jahrhunderten war, bevor wir in die Prüderie fielen. Am besten nennen Sie im Gespräch mit Ihrem Kind die Begriffe, die auch in Ihrem Umfeld üblich sind. Wie auch immer, die Hauptsache ist, dass Sie dem Kind klare Begriffe zur Verfügung stellen, die es für sachliche Gespräche und Fragen benutzen kann. Je unbefangener Sie sie verwenden, desto normaler werden sie für Ihr Kind. Die Mutter in meinem Beispiel störte das ungenierte Bezeichnen noch, den Jungen, der damit aufgewachsen ist, schon nicht mehr.

Aufklärung – wann?

Das Reden darüber, woher die kleinen Kinder kommen, wie man sie macht und warum man das so oft macht, kann nicht herausgelöst werden aus dem umfassenden Bereich der Sexualerziehung und schon gar nicht auf ein einmaliges »klärendes Gespräch« begrenzt werden. Fragen des Kindes ergeben sich aus alltäglichen Beobachtungen in alltäglichen Situationen – beim Mittagessen, im Bus oder sonst wo. Und dort muss man sie auch beantworten. Kinder fragen eben dann, wenn sie auf etwas Erklärungsbedürftiges stoßen, die einen früher, die anderen später. Wer reif ist, eine Frage zu stellen, ist auch reif für eine entsprechende Antwort – es muss ja nicht gleich die große, alles umfassende Erklärung sein. Wer gewöhnt ist, auf Fragen immer eine Antwort zu bekommen, der fragt weiter, wenn er noch nicht zufrieden ist.

Die Angst vor einem »zu früh« ist übrig geblieben aus der Zeit, in der man kleine Kinder als asexuelle Wesen ansah und Sexualität als etwas Sündiges. Folgerichtig wollte man den lieben Kleinen ihre »Unschuld« so lange wie möglich erhalten, sie ja nicht vorzeitig auf »dumme Gedanken« bringen. Auf diese Zusammenhänge bin ich am Anfang des Kapitels genauer eingegangen.

Allerdings fragen nicht alle Kinder. Auf anderen Gebieten weisen wir sie dann selbstverständlich auf interessante Beobachtungen ausdrücklich hin. »Ach, sieh mal der große Bagger da, wie viel Sand der auf einmal wegfahren kann!« Warum dann nicht auch: »Ach sieh mal, die Frau Wiemer hat schon einen ganz dicken Bauch, da wird das neue Baby wohl bald geboren werden.«?

Nun fällt vielen Eltern der unbefangene Umgang mit sexuellen Themen immer noch schwer – sie wissen nicht recht, wie sie es sagen sollen. Und da schieben sie das Ganze lieber vor sich her. Aber ein Kind, das beim Schuleintritt noch immer nicht weiß, woher die Babys kommen und wie sie gemacht werden, macht sich vor den anderen Kindern leicht lächerlich. Und es ist den vielfach schrägen Informationen, die es von den anderen bekommt, ohne verantwortungsvolles Korrektiv ausgesetzt.

Spätestens wenn eine Achtjährige zum Schrecken ihrer Mutter im Internet Pornobilder aufruft oder Stichworte wie »Busen« und »vögeln« eingibt, muss dieser Mutter klar werden, dass sie ein schwerwiegendes Informationsdefizit hat entstehen lassen. Wenn sie nicht weiß, wie sie es erklären soll, kann sie ein Aufklärungsbuch kaufen und mit dem Kind zusammen lesen. Aber vielleicht scheut das Kind auch die erfahrungsgemäß verklemmte Atmosphäre solcher Gespräche und möchte lieber allein lesen. Sie finden als Beispiel ein Aufklärungsbuch im Literaturverzeichnis, das für das Alter ab acht Jahren empfohlen wird.

Nimm die Finger da weg!

Insgesamt gehen wir mit der Nacktheit, mit Entdeckerfreude und neugierigen Fragen unserer kleinen Kinder heute doch schon viel unbefangener um. Aber wenn wir ein Kind ungeniert und gar mit sichtbarer Lust an seinem Geschlecht spielen sehen oder mehrere Kinder, die sich gickernd gegenseitig betasten und »untersuchen«, dann geraten doch viele Erwachsene in große Verlegenheit und meinen, sie müssten die Kinder davon abhalten.

Wie kommt es, dass an dieser Stelle unsere spontane Reaktion mit der Art, wie wir eigentlich sein wollen, so wenig übereinstimmt? Die liberalere Einstellung zur Sexualität ist für viele noch Kopfwissen, bestimmt von der Einsicht, dass die verklemmte Sexualmoral früherer Zeiten uns, oder zumindest unsere Eltern und Vorfahren, sehr eingeengt und um einiges betrogen hat. Doch erlebt haben es viele als Kinder noch anders. Da gab es was auf die Finger, wenn die sich auf verbotenes Terrain wagten, und so entwickelte sich früh ein schlechtes Gewissen für Gedanken und Handlungen in die verbotene Richtung. Und das wird aktiv, wenn sie ihre eigenen Kinder tun sehen, was sie selbst nicht tun durften. Wie ist es Ihnen damit gegangen? Finden Sie das heute noch richtig?

Übersehen, »so tun, als wär nichts« ist im Grunde eine halbe und feige Lösung. Wenn Sie einsehen, dass sexuelle Erziehung anders sein sollte, als es Ihre noch war, dann versuchen Sie auch, dazu zu stehen. Sehen Sie ruhig hin, reden Sie auch darüber, versuchen Sie angesichts der Unbefangenheit der Kinder Ihre eigenen Hemmungen zu überwinden. Wenn Ihnen das nicht gelingt, ist allerdings das Wegsehen immer noch besser als ein Verbot oder gar eine Strafe. Etwas älteren Kindern können Sie auch erklären, warum ihre unbefangenen Spiele Sie so verlegen machen – dass Sie selbst noch anders erzogen wurden. Das ist klarer, als wenn die Kinder Ihre Verlegenheit bemerken, ohne sie sich erklären zu können.

Intimes gehört ins Haus

Auf einem anderen Blatt steht freilich, dass Sie die Kinder zu ihrem eigenen Schutz dazu anhalten müssen, solche Spiele nur im geschützten Bereich des Hauses oder des Kindergartens zu spielen. Nacktsein und sexuelle Spiele gehören nicht vor die Augen der Öffentlichkeit. Da mag es Leute geben, die es stört, aber auch andere, die sich daran unzulässig verlustieren. In dieser Weise kann man das auch den Kindern erklären – nicht was sie tun, ist schlecht, wohl aber das, was manche Leute daraus machen.

Zu Hause aber darf man alles erforschen, alles fragen und sagen, was den Körper und seine Funktionen betrifft. Mit diesem Verhalten schaffen Sie eine Atmosphäre ohne Tabus, ohne Peinlichkeiten, in der das Kind über alles sprechen kann, das ihm Probleme macht oder unheimlich ist. Nur in einer solchen Atmosphäre kann ein Kind auch über eventuelle sexuelle Übergriffe reden, ohne Unverständnis, Tadel oder Strafe zu befürchten.

Erzieherinnen im Kindergarten wissen von solchen gemeinsamen Spielen in kuscheligen Ecken zu berichten. Sie sehen ihre wichtigste Aufgabe meist darin, Kindern immer wieder einzuschärfen, dass niemand gedrängt oder genötigt werden darf, irgendetwas an seinem Körper zuzulassen, was er nicht mag. Die Schüchternen müssen ermutigt werden, klar nein zu sagen, die Unternehmungslustigeren, das Nein unbedingt zu respektieren. Sie müssen die Kinder aber auch immer wieder anhalten, bei allen Berührungen behutsam und zärtlich zu sein, die Reaktionen des anderen wahrzunehmen und darauf achtsam zu reagieren. Oft sind die Erzieherinnen auf diesem Gebiet aber noch recht unsicher, fürchten auch die Reaktionen der Eltern. Und es gibt heftige Diskussionen unter den Erwachsenen darüber, ob das nun sein darf oder nicht. Was kann man also tun?

Solche Spiele zu verbieten, schadet der sexuellen Entwicklung der Kinder. Denn wie sollen sie sinnenfrohe, empfindsame Menschen werden, wenn sie bei ihren ersten Schritten in diese Richtung erfahren, das alles sei »pfui«, unanständig und strafwürdig?

Das machen meine Eltern auch

Die allgegenwärtige Vermarktung der Sexualität, der auch Kinder kaum entgehen, die ihre Phantasie anregt, macht aus dem Sexuellen eher eine Art verpflichtenden Leistungssport, dem man sich körperlich fit und immer adrett anzusehen stellen muss. Solche Fehleinstellungen sollten wir bei unseren Kindern möglichst gar nicht erst entstehen lassen.

Wenn wir möchten, dass die Sicht der Kinder von »normal« nicht vorwiegend von den Medien geprägt wird, müssen wir uns auch zu Hause als Menschen mit sexuellen Beziehungen zu erkennen geben. Ich denke da an den Bericht einer Frau über ihre eigene Aufklärung – die erhielt sie, da ihre Eltern zu dem Thema schwiegen, von Gleichaltrigen. Abgestoßen von der obszönen Art, mit der ihr die Erklärungen dargeboten wurden, antwortete sie erschreckt: »So was machen meine Eltern nicht!«, und erzielte damit natürlich höhnisches Gelächter. An diese Geschichte denke ich, wenn ich dafür plädiere, Kinder sollten, wenn über sexuelle Beziehungen geredet wird, immer im Kopf haben: »Das ist etwas, was meine Eltern auch machen.« Sexualität gehört gewissermaßen zur Familie. Das ist die beste Schutzimpfung gegen all die falschen Einstellungen, die sie »auf der Straße«, das ist heute wahrscheinlich eher die virtuelle Straße des Internets, auflesen werden.

Mit unserem Verhalten unserem Partner gegenüber sind wir für unser Kind ein Modell dafür, was erwachsene Paare alltäglich miteinander tun. Ob wir zärtlich miteinander sind, uns auch im Beisein der Kinder berühren, streicheln, umarmen, ob wir aufeinander Rücksicht nehmen, uns als Ebenbürtige achten oder eben nicht, ob wir uns in Gesprächen dazu bekennen, dass Sex Spaß macht, dass auch wir immer wieder die Abgeschiedenheit des Schlafzimmers suchen, um uns ungestört dieser lustvollen Zweisamkeit hinzugeben, das alles prägt den Eindruck des Kindes von dem, was »normal« ist.

Das betrifft zum Beispiel auch den Umgang mit der Nacktheit. Es ist nicht jedermanns (und nicht jederfrau) Sache, sich vor seinen Kindern nackt zu zeigen. Und wer da Hemmungen hat, der soll es lassen. Aber vielleicht kann er mal nachdenken über das, was mir eine resolute Mutter mit nicht gerade modelverdächtiger Figur einmal überzeugend erklärt hat: »Ich dusche auch vor meinen Söhnen nackt, damit sie sehen, wie eine normale Frau aussieht. Damit sie nicht denken, jedes Mädchen, in das sie sich mal verlieben werden, müsse aussehen wie die gestylten Models in ihren Zeitschriften.«

Angst vor Homosexualität

Beim Umgang von Eltern mit dem Geschlecht ihres Kindes, mit seinen sexuellen Äußerungen, aber auch seinem Rollenverhalten als Junge oder Mädchen spielt oft Furcht vor Homosexualität eine

Rolle. Viele Eltern oder auch Erzieherinnen gehen immer noch von der falschen Vorstellung aus, die Neigung zum eigenen Geschlecht sei eine psychische Krankheit oder eine Fehlentwicklung, eine verhängnisvolle »Verirrung«. Sie versuchen Erziehungsfehler zu vermeiden, damit das Kind nicht etwa schwul oder lesbisch wird, sie fürchten Verführung oder ein »Abfärben«, wenn ein Kind mit einem homosexuell lebenden Menschen Kontakt hat. Ein Beispiel dazu habe ich im Kapitel »Typisch Junge, typisch Mädchen« beschrieben.

All diese Ängste beruhen auf Vorurteilen, auf fehlender Information. Deshalb möchte ich zunächst ganz kurz das Wichtigste zum Thema skizzieren. (Wer es genauer wissen möchte, findet viele Texte im Internet, zum Beispiel bei Wikipedia. Dort wird auch weiterführende Literatur genannt.) Nur wer eine vorurteilsfreie Einstellung zur Homosexualität hat, kann Kindern hilfreiche Informationen dazu geben, kann sie beim Finden ihrer eigenen sexuellen Identität sinnvoll begleiten.

Was Sie wissen sollten

Homosexuelles Verhalten von Menschen hat es immer und überall gegeben – in allen Zeiten und allen Kulturen. Auch im Tierreich ist es sehr weit verbreitet. Recht unterschiedlich ist allerdings die gesellschaftliche Einstellung dazu. In vielen Kulturen gab es gar keine besonderen Begriffe für gleichgeschlechtliche sexuelle Praktiken, weil sie zur normalen Streubreite sexuellen Verhaltens zählten. In anderen Kulturen droht Betroffenen noch heute die Todesstrafe.

Die starre Trennung in entweder homosexuell oder heterosexuell und diese Definition stammt in unserem Kulturkreis erst aus dem 19. Jahrhundert. Dabei ist diese strenge Abgrenzung von unserer biologischen Ausstattung her gar nicht gerechtfertigt. Jeder Mensch hat, wenn auch in unterschiedlichem Maße, Tendenzen zu sexueller Anziehung sowohl zum anderen wie zum eigenen Geschlecht. In einer Kultur aber, die homosexuelle Neigungen diskriminiert und verteufelt, mag sich kaum jemand seine auf das gleiche Geschlecht gerichteten Tendenzen eingestehen. Er verleugnet sie, auch vor sich selbst, oder er versucht sich und anderen durch besonders geschlechtsrollenkonformes Verhalten zu beweisen, dass er nicht »andersrum« ist. So werden Verhaltensweisen, die Verdacht erregen könnten, unterdrückt

Ein gutes Beispiel dafür sind zärtliche Berührungen in der Öffentlichkeit. Sicher spürt fast jeder Mann gelegentlich das Bedürfnis, einen guten Freund, etwa jemanden, den er trösten möchte, zärtlich zu streicheln oder in den Arm zu nehmen. Oder mit einem Freund Hand in Hand einherzugehen. Aber er wird sich das in der Öffentlichkeit wahrscheinlich verkneifen, um nicht »in falschen Verdacht« zu geraten. Oder aus dem Bedürfnis nach körperlichem Kontakt wird ein deftiger Schlag auf die Schulter oder ein Stoß in die Rippen. Das gilt als männlich!

Frauen haben sich in dieser Hinsicht schon lange mehr Freiraum genommen. Bei Frauen und jungen Mädchen gilt zärtliches Umarmen und Streicheln oder Hand-in-Hand-Gehen als normal. Ist es nicht schade, dass Gefühle von Zärtlichkeit und Verbundenheit aus Angst vor Vorurteilen unterdrückt werden müssen? Zum Glück ist hier im Zuge der Neudefinierung männlichen Verhaltens schon einiges in Bewegung geraten.

Nur wer spürt, dass er sehr stark oder ausschließlich zum eigenen Geschlecht tendiert, wird schließlich den Schritt wagen, sich als homosexuell zu »outen«. Denn trotz aller Liberalisierung ist das für viele, die lieber so sein möchten wie die Mehrheit, ein schwerer Schritt.

Wie Homosexualität entsteht

Für viele ist die Frage wichtig, welche biologischen Grundlagen diese Hinwendung zum anderen oder zum eigenen Geschlecht eigentlich hat. Denn sie machen davon ihre Einstellung zu homosexuellem Verhalten abhängig. Falls diese Neigung erworben ist, so meinen sie, muss es auch möglich sein, sie zu »korrigieren«, aus »queer« wieder »normal« zu machen. Falls sie aber angeboren ist, kann man dagegen nichts machen und muss die Betroffenen akzeptieren, wie sie sind.

Über die Auslöser von Homosexualität ist in der Vergangenheit viel debattiert worden. Aber eines ist inzwischen unbestreitbar: Weder Erziehung noch Verführung machen einen Menschen homosexuell, wenn er diese Neigung nicht schon hat. Freilich gibt es zwischen diesen Polen auch viele Menschen, die mal das eine, mal das andere probieren, sowohl homosexuell wie heterosexuell leben könnten. Aber im Allgemeinen zwingt sie die Kultur, sich für das eine oder das andere zu entscheiden.

Unbestritten ist inzwischen, dass Veranlagung eine Rolle spielt. Unter eineiigen Zwillingen, die ja genau die gleiche genetische Ausstattung haben, sind viel häufiger beide homosexuell veranlagt als unter zweieiigen, die genetisch nicht mehr Gemeinsamkeiten haben als andere Geschwister. Da aber nicht alle eineiigen Zwillinge in ihrer sexuellen Ausrichtung gleich sind, müssen auch noch andere Faktoren eine Rolle spielen.

Als weitere mögliche Verursacher gelten Hormonkonstellationen im Mutterleib, die durch verschiedenste Ursachen, zum Beispiel durch großen Stress, entstehen können. Von den vielen anderen mehr oder weniger verbreiteten Hypothesen lässt sich keine klar belegen.

Festzuhalten ist nur, dass ein Mensch, der sich eindeutig zum eigenen Geschlecht sexuell hingezogen fühlt, durch keine Maßnahme, kein Verbot, keine Therapie davon abgebracht werden kann, wenn man ihn nicht zutiefst unglücklich machen will.

Besonders wichtig ist diese Information für diejenigen Leserinnen und Leser, deren Tochter, deren Sohn sich eines Tages für ein Leben mit gleichgeschlechtlichen Partnern entscheiden wird. Diesen Jungen und Mädchen wird es viel Kummer und Verunsicherung ersparen, wenn ihre Eltern oder Erziehenden sie bei diesem Selbstfindungsprozess unterstützen und sie so akzeptieren, wie sie sind – ob nun homo oder hetero. Darüber hinaus schulden wir allen Kindern sachliche Informationen zu diesem Thema, damit Diskriminierungen und Missverständnisse in Zukunft immer weniger Raum finden.

12. Typisch Junge, typisch Mädchen

Bis weit ins vorige Jahrhundert hinein waren viele Menschen sich ganz sicher: Von Natur aus ist die Frau fürs Häusliche bestimmt und ausgestattet, der Mann fürs feindliche Leben. Im Jahre 1900 schrieb der Leipziger Nervenarzt Möbius, um diese Überzeugung zu untermauern, ein Buch mit dem Titel »Über den physiologischen Schwachsinn des Weibes«.

Aber es regte sich auch immer mehr Widerspruch. Frauen erkämpften sich die Teilhabe am öffentlichen Leben, das Wahlrecht, das Recht zu studieren und zu promovieren. Nicht die Natur sei für ihre Festlegung auf eine unterlegene, abhängige Position, auf Haushalt und Kinder verantwortlich, so argumentierten sie. 1948 fasste Simone de Beauvoir in ihrem Buch »Das andere Geschlecht« diese Überzeugung in dem immer wieder zitierten Satz zusammen: »Man wird nicht als Frau geboren, man wird dazu gemacht.«

Beflügelt von dieser Erkenntnis fanden Forscherinnen in den folgenden Jahrzehnten eine Fülle von Beispielen für dieses »Gemachte« am weiblichen und männlichen Rollenbild – keine großen Schlüsselereignisse, sondern ein Mosaik aus tausend Kleinigkeiten, beginnend schon mit der Geburt, die aus Mädchen und Jungen »typische« Mädchen und Jungen machen.

Seit einigen Jahren freilich bewegt sich das Pendel wieder zur anderen Seite: Neurowissenschaftler finden im Gehirn und in den Wirkungen von Hormonen biologisch begründete Unterschiede zwischen Mann und Frau und ziehen daraus Schlüsse für ein geschlechtstypisches Verhalten. Und schnell wird dieser Befund als Beweis dafür genommen, dass Frauen von Natur aus nicht einparken und Männer nicht zuhören können.

Misstrauen ist da angesagt. Denn in Zeiten mit erhöhtem Konkurrenzdruck auf dem Arbeitsmarkt haben Theorien über die natürliche Minderbegabung bestimmter Gruppen – das können Frauen sein oder auch Dunkelhäutige – immer mal wieder

Konjunktur, besonders für prestigeträchtige Berufe. So kann man Betroffene mit »guter« Begründung aus solchen Berufen heraushalten.

Anerzogen oder doch angeboren?

Trotzdem und mit aller Vorsicht gesagt: Es gibt anscheinend kleine nachweisbare Unterschiede – zum Beispiel in männlichen und weiblichen Gehirnen. Moderne bildgebende Verfahren machen es möglich, dem lebendigen Gehirn bei der Arbeit zuzusehen. Dabei fand man heraus, dass weibliche Gehirne oft stärker vernetzt, die Verbindungen zwischen den Gehirnhälften stärker ausgeprägt sind, dass Frauen, die Sprachaufgaben lösen, in beiden Hirnhälften aktive Areale aufweisen, Männer eher nur in einer. Offen bleibt allerdings, ob das Ursachen oder Folgen geschlechtstypischen Gebrauchs sind, denn man weiß ja auch, dass Hirnregionen sich auch durch intensive Nutzung verändern.

Wesentlich interessanter sind Forschungsergebnisse über die Wirkung von Hormonen und Botenstoffen. Denn nicht nur die Gene, sondern vor allem Hormone steuern die unterschiedliche Entwicklung der Geschlechter. Das männliche Hormon Testosteron bewirkt offenbar, dass Jungen aggressiver sind als Mädchen, dass sie mehr zu Balgereien neigen – und als Erwachsene mehr zu Gewalt und Gewaltverbrechen –, und zwar weltweit.

Angeboren und vorwiegend hormonbedingt scheinen den Forschern folgende Eigenschaften:

▶ Jungen sind im Durchschnitt aktiver, wilder, sprunghafter, ablenkbarer, häufiger hyperaktiv.
▶ Jungen bevorzugen eher Spielzeug zum Bewegen und Konstruieren.
▶ Außerdem neigen sie stärker zum Wetteifern und Konkurrieren.
▶ Und – wie das kommt, weiß bisher niemand – Jungen können besser werfen.

Der geringere Testosteronspiegel der Mädchen trägt dazu bei, dass sie im Schnitt ausgeglichener, sozial verträglicher, mehr auf Verständigung aus sind. Sie bevorzugen eher Puppen als Spielzeug und zeigen eher pflegerisches Verhalten. Auch einige Eigenheiten der geistigen Verarbeitung scheinen biologisch angelegt:

▶ Viele Mädchen haben einen leichteren Zugang zur Sprache – sie brabbeln mehr, haben einen größeren Wortschatz, bilden längere Sätze, machen weniger Fehler, sind weniger anfällig für Stottern und Lese-Rechtschreib-Schwäche.
▶ Viele Jungen dagegen haben ein besseres räumliches Vorstellungsvermögen, was ihnen zum Beispiel in Geometrie, später in technischen Berufen einen gewissen Vorteil verschafft.

Bei komplexeren Aufgaben sind die Ergebnisse bei Männern und Frauen oft gleich gut, nur dass sie manchmal auf unterschiedlichen Wegen zur Lösung finden. Bei Orientierungsaufgaben, zum Beispiel beim Zurechtfinden im Straßennetz, haben Männer eher den »Stadtplan im Kopf«, Frauen halten sich eher an markante Orientierungspunkte. Keinen Unterschied gibt es – ganz gegen das gängige Vorurteil – beim abstrakt logischen Denken. Auch hier nutzen jede und jeder – bei gleich guten Ergebnissen – die Strategien, die ihr oder ihm am meisten liegen.

Die Tücken der Statistik
Eine Einschränkung ist dabei aber sehr wichtig: Diese Daten geben immer Durchschnittswerte an. Es geht immer nur um eine graduelle Verschiebung der Häufigkeitskurven.

Das bedeutet:

▶ Nicht alle Jungen sind aggressiver als alle Mädchen, nicht alle Jungen sind besser in Geometrie.
▶ Es gibt durchaus Mädchen, die ein besseres räumliches Vorstellungsvermögen haben als die meisten Jungen, es gibt durchaus Jungen, die sprachbegabter sind als die meisten Mädchen, nur eben seltener.

Außerdem sind die gefundenen durchschnittlichen Unterschiede oft recht gering, und die Unterschiede zwischen den Jungen untereinander oder zwischen den Mädchen untereinander sind sogar größer als die zwischen Jungen und Mädchen. Deshalb ergeben sich zwei Häufigkeitskurven, die sich in einem breiten Bereich überschneiden. Diese Ergebnisse besagen also nur, wie häufig sich dieser Typ unter Jungen oder Mädchen findet. Für die Beurteilung eines bestimmten Kindes sind alle diese Aussagen ganz irrelevant – jedes ist sein eigener Typ. Der Schluss: Er ist ein Junge, also muss er aggressiver sein, sie ist eine Frau, also kann sie schlecht einparken, ist auf jeden Fall falsch.

Fassen wir also zusammen: Ja, es gibt angeborene Unterschiede, sie sind allerdings gering, und für die Beurteilung des einzelnen Kindes besagen sie nichts.

Was bedeutet das nun für die geschlechterbewusste Erziehung? Ist es unsinnig, Mädchen zum Bauen zu ermutigen und Jungen zum Spiel mit Puppen, weil die Bevorzugung nun mal angeboren ist?

Überhaupt nicht!

Auch Angeborenes ändert sich

Was angeboren ist, ist damit noch lange nicht unveränderbar. Jede Fähigkeit, jede Eigenschaft entwickelt sich trotz angeborener Tendenzen erst durch die ständige Auseinandersetzung mit der Umwelt in einer lebenslangen Wechselwirkung. Deshalb ist es falsch, zu fragen, ob etwas angeboren oder anerzogen ist, beteiligt ist immer beides. Deshalb bleiben auch all die Ergebnisse über das Erlernen von Rollenverhalten nach wie vor richtig.

Erst die Wahrnehmung, Bewertung und Betonung der kleinen Unterschiede durch die Umwelt machen aus ihnen große, typische Unterschiede. Mütter nehmen zum Beispiel, ohne dass ihnen das bewusst wird, wahr, dass ihr kleiner Junge eifrig sich bewegenden Gegenständen nachguckt, dass ihr kleines Mädchen sehr gern in Gesichter guckt und mit ihnen brabbelt, also machen sie den kleinen Jungen häufiger auf Gegenstände aufmerksam, brabbeln häufiger mit dem kleinen Mädchen. Und über viele Generationen schlägt sich diese Beobachtung dann auch in den allgemeinen Erwartungen nieder – Jungen sind so, Mädchen so – das ist typisch.

Wenn die Kleinen heranwachsen, bemerken sie selbst, dass Angehörige des anderen Geschlechts sich oft anders, weniger vertraut

121

benehmen und suchen sich lieber gleichgeschlechtliche Spielgefährten. Sie bestätigen sich als Modelle dann gegenseitig in ihrem geschlechtstypischen Verhalten. Untypisches wird vernachlässigt, verliert sich. Benehmen sich einzelne Kinder aber betont anders, untypisch, lachen die anderen Kinder sie womöglich aus, die Erwachsenen beobachten eine solche Entwicklung mit Sorgen. Rollenmodelle im Fernsehen oder in Büchern tun ein Übriges. So prägt sich das Typische immer mehr aus. Erst das soziale Lernen also macht aus kleinen Unterschieden typische Unterschiede.

Wie Mädchen ihre Rolle lernen

Von Natur aus sind Frauen das stärkere Geschlecht – widerstandsfähiger gegen Erkrankungen und Stress, langlebiger. Trotzdem hält sich zäh die Ansicht von der männlichen Überlegenheit. Und das wirkt sich auf die unterschiedliche Behandlung von Jungen und Mädchen aus.

Obwohl kleine Mädchen nach der Geburt keineswegs zarter, oft sogar robuster und besser entwickelt sind als kleine Jungen, werden sie von den Eltern meist für zarter gehalten, vorsichtiger angefasst und ängstlicher umsorgt. Versuchspersonen in psychologischen Experimenten nehmen das Schreien kleiner Babys anders wahr, je nachdem, was man ihnen über das Geschlecht des Babys sagt. Aus dem Weinen vermeintlicher kleiner Mädchen hören sie eher Angst und Hilflosigkeit heraus, sagt man ihnen aber, da schreie ein Junge, glauben sie eher wütenden Protest zu hören. In der Kleinkindzeit werden Mädchen mehr behütet, es wird ihnen schneller Hilfe gegeben. Jungen traut man eher zu, dass sie sich selbst helfen.

Und mit der Zeit übernimmt ein kleines Mädchen dann die Einstellung der anderen. Weil es von Situationen, die ihm Angst machen könnten, besorgter ferngehalten wird, erfährt es seltener, dass es sich auf seine Fähigkeiten verlassen kann. Es lernt eher, kritische Situationen ängstlich zu meiden, sich enger an die Erwachsenen zu halten, sich auf ihren Schutz zu verlassen, nichts zu riskieren.

Diese Entwicklung wird beileibe nicht von den Eltern allein verursacht. Die beteuern oft sogar: Wir haben unseren Jungen und unser Mädchen genau gleich behandelt, und trotzdem …!

Das Typische wird gemacht. Das Bild vom »typisch Weiblichen« ist ein Puzzle aus tausend Kleinigkeiten, denen das heranwachsende Kind begegnet.

▶ Wie werden Mädchen und Jungen, Frauen und Männer in Bilderbüchern, in Schulbüchern, im Fernsehen, auf Werbeplakaten präsentiert?
▶ Welche Kleidung wird für Jungen und Mädchen angeboten, welches Spielzeug?
▶ Was sagen die Leute im Bus oder im Supermarkt zu ihnen?
▶ Wie sind die anderen Jungen und Mädchen auf dem Spielplatz, in der Nachbarschaft, in der Schulklasse?

So entsteht, mehr durch Lernen als durch Veranlagung, das »typische Mädchen«, wenig selbstbewusst, eher scheu und ängstlich, dafür verständig und sozial angepasst. Seine Intelligenz entwickelt es eher im braven Nachvollziehen als in eigenwilligen Lösungsversuchen.

Typen sind auch Fesseln

Im Umgang sind diese angepassten Mädchen durchaus angenehm. Besonders Lehrerinnen wissen das zu schätzen. Aber für die herangewachsene Frau, die sich im Berufsleben durchsetzen möchte, ist das »typisch Weibliche« eher hinderlich. Viele Frauen scheuen Konflikte, sie geben lieber nach. Sie trauen sich zu wenig zu, sind leichter zu verunsichern und zu beeinflussen. Das ist sicher einer der Gründe dafür, dass sie so selten in führenden Positionen anzutreffen sind.

Jede Festlegung auf ein typisches Verhalten ist immer auch eine Einengung. Vieles, das über das Typische hinausgeht, das individuelle Ausprägung ist, das auch ins typische Verhalten des anderen Geschlechts hineingeht, wird vernachlässigt oder misstrauisch angesehen und unterdrückt. Dabei ist es gerade der entwicklungsentscheidende Vorteil des Menschen, dass er von allen Lebewesen das am wenigsten festgelegte ist, sich am besten durch Lernen äußeren Bedingungen anpassen kann. Also muss uns an einem Ausgleich dieser unnötigen Festlegung gelegen sein.

Zum Glück haben sich diese Rollenfixierungen in den letzten Jahren und Jahrzehnten schon erheblich gelockert. Vor allem viele Mädchen und Frauen haben an Selbstbewusstsein und an Mut zum Individuellen erheblich zugelegt. Sie finden den Spruch »Das schickt sich für ein Mädchen nicht!« nur noch komisch. Das ist sicher ein Verdienst emanzipierter Frauen, die über Jahrzehnte dieses Rollenverständnis immer wieder bewusst in Frage gestellt haben, die bewusst anders gelebt und Modelle wie »Pippi Langstrumpf« geschaffen haben.

Jungen und Männer wurden durch diese Entwicklung eher verunsichert, für sie steht eine Emanzipation, die sie bewusst auch ins »typisch Weibliche« hinübergreifen lässt, noch ganz am Anfang.

Erziehung kann ausgleichen

Wenn soziales Lernen die an sich kleinen Unterschiede zu großen machen kann, dann kann es sie durch gezielten Einfluss auch ausgleichen. Denn sie sind, wie gesagt, so gering, dass beide Geschlechter beides, das technikzentrierte Männliche und das behütend Weibliche, lernen können. Und das ist, so wie wir heute leben, auch sinnvoll.

Frauen brauchen Verständnis für Auto, Computer und Bohrmaschine, denn es erleichtert ihren Alltag und fördert ihr Selbstbewusstsein, wenn sie selbst damit umgehen können und nicht auf einen männlichen Helfer warten müssen. Und körperliche Kraft ist dafür ja nicht mehr erforderlich.

Wo beide Partner berufstätig sind, muss die Arbeit im Haushalt und bei der Erziehung unter beiden Geschlechtern gerecht geteilt werden. Männer entdecken gerade, wenn auch noch zögerlich, die neue Väterlichkeit. Sie merken, dass ihnen zu viel entgeht, wenn sie sich ganz aufs Berufliche reduzieren lassen und von der Entwicklung ihrer Kinder zu wenig miterleben.

Welche Rollenbilder erlebt Ihr Kind in seiner Familie?

▶ Wenn im Haushalt etwas kaputt ist – wer repariert es?
▶ Wer kocht, wer geht einkaufen, wer putzt das Badezimmer?
▶ Das Baby hat die Hosen voll – wer wechselt die Windel?

Das Rollenverhalten, das kleine Kinder in ihrer Familie erleben, das halten sie für normal, für selbstverständlich, für richtig. Was sie zu Hause nie erleben, das halten sie leicht für fremd und komisch.

Und wie gehen wir mit den »typischen« Vorlieben unserer Jungen und Mädchen um? Mädchen werden weiter eher mit Puppen spielen, Jungen mit Baukästen. Ich kann sie an dieser Bevorzugung nicht hindern. Und wenn sich das Mädchen eine Puppe, der Junge einen Baukasten wünscht, sollen sie das auch bekommen.

Trotzdem ist es nach wie vor sinnvoll, Mädchen auch zum Bauen zu ermutigen, Jungen zum Spiel mit Puppen. Die erste Frage der Verkäuferin im Spielzeugladen »Ist es für einen Jungen oder für ein Mädchen?« sollten Sie jedenfalls ignorieren und eher überlegen: Wofür interessiert sich dieses spezielle Kind, das ich beschenken möchte?

Die gezielte Unterstützung von Mädchen in ihren Interessen auch für Technik und Naturwissenschaftliches, die in den letzten Jahrzehnten angesagt war, hat inzwischen erkennbar Früchte getragen. Mädchen zeigen zunehmend Interesse auch an technischen Berufen. Jetzt müssen wir uns wohl mit gleicher pädagogischer Intensität auch den Jungen zuwenden. Damit können wir dann hoffentlich erreichen, dass mehr Jungen sich auch für pflegerische Berufe interessieren, dass sie auch Erzieher und Grundschullehrer werden wollen. Dann werden künftige Generationen es für selbstverständlich halten, dass auch Männer Windeln wechseln und trösten können.

Jungen sind heute vom Kindergarten an eher die Sorgenkinder. Dass viele so aggressiv auftreten, hat einen Grund in ihrem Testosteronspiegel. (Näheres dazu finden Sie weiter oben unter der Überschrift »Anerzogen oder angeboren?«, S. 119.) Eine weitere Ursache liegt aber auch in ihrer Unsicherheit darüber, was typisch männlich ist. Da die Erziehung vor allem Frauensache ist, fehlt es vielen Jungs an Vorbildern aus Fleisch und Blut. Also halten sie sich an das, was sie in Medien, im öffentlichen Bewusstsein finden. Und da gilt immer noch das »alte« Rollenbild: Ein Mann muss stark sein, muss »cool« sein, ein richtiger Junge findet Weiberkram doof. Und einer, der sich gern schmückt oder viel Zärtlichkeit sucht, ist womöglich »schwul« (unter Kindern ist das ein Schimpfwort!).

Mit dem gleichen Eifer, mit dem wir Mädchen zu Technischem ermutigen, müssen wir Jungen ermutigen, einfühlsam und zärtlich zu sein. Dann werden sie ihre Tendenzen zum Dreinschlagen auch leichter bewältigen können.

Anders sein ist normal!

Dass kleine Mädchen lieber Hosen als Röcke tragen und sich manchmal benehmen, als sei an ihnen ein Junge »verloren gegangen«, das betrachten Erwachsene heute eher mit einem Schuss Wohlwollen. Was aber, wenn ein kleiner Junge Schmuck und Röcke tragen will und bevorzugt mit Puppen spielt?

Ich möchte hier als Beispiel den Brief einer Erzieherin wiedergeben, in dem es genau um diese Frage geht.

Die Erzieherin schrieb:

In meiner Gruppe betreue ich einen dreieinhalbjährigen Jungen. Er ist sehr ausgeglichen, an vielen Dingen seiner Umgebung interessiert, zu den anderen Kindern freundlich, aber auch sehr personengebunden. Von je her zeigt dieser Junge ein besonderes Interesse an Ketten, Ringen, Schleiern, Röckchen usw. (also an mädchentypischen Dingen). Am liebsten spielt er in der Puppenecke. Aus unserer Kiste mit Verkleidungssachen wählt er fast täglich Tüllröckchen, Kopfschmuck, Schleifen, Schürzen aus, fühlt sich wohl in seiner Rolle als Köchin, Braut oder Mutti.

Bisher ließ ich ihn gewähren, da dieses Verhalten für mich einen Ausflug in die Phantasie bedeutet. Aber unter meinen Kolleginnen sind die Ansichten darüber geteilt. Einige meinen, dass sich bei Max eine homosexuelle Neigung bzw. eine Ablehnung des eigenen Geschlechts bemerkbar macht. (Diese Meinung lehne ich ab!) Sie meinen auch, Max müsste einem Psychologen vorgestellt werden (lehne ich ebenfalls ab). Jetzt bin ich aber unsicher. Wie soll ich mich Max gegenüber verhalten – ihn beeinflussen, ihn weiter so spielen lassen? Soll ich mit den Eltern sprechen? Wenn ja, auf welcher Grundlage?

Ich habe geantwortet:

Ich möchte mit einem ganz unprofessionellen Ausbruch beginnen: Lassen Sie doch bloß den Jungen in Ruhe!

Sehr wichtig finde ich Ihre Hinweise: Max ist ausgeglichen, freund-
lich, fühlt sich wohl. Bitte bemühen Sie sich darum, dass das so bleibt.
Vergiften Sie seine unbefangenen Spiele nicht mit wertenden »Hinter-
gedanken«. Lassen Sie ihn anziehen und ausprobieren, was er mag.
Dazu sind diese kindlichen Rollenspiele da.
Sicher ist es eine interessante Frage, warum sich der Junge so ver-
hält.

▶ *Warum erscheinen ihm weibliche Rollenbilder so viel attraktiver*
als männliche?
▶ *Welche Vorbilder für männliches Rollenverhalten erlebt er?*

Sie können dem in Gesprächen nachgehen, wenn Sie mögen auch ge-
meinsam mit den Eltern. Aber nicht mit dem Hinweis, dass hier etwas
kritisch beobachtet werden müsse, weil es womöglich schiefläuft. Denn
dazu gibt es überhaupt keinen Grund.
Warum darf ein Kind nicht auch ungewöhnliche Rollen ausprobie-
ren? Fürchten Sie denn bei einem Kind, das ständig Indianer spielt, es
würde später nach Amerika auswandern und in der Prärie leben wol-
len? Warum darf ein Junge sich nicht gern schmücken, sich nicht
»mütterlich« fühlen?
Würden Ihre Kolleginnen wohl auch so besorgt reagieren, wenn ein
kleines Mädchen immerzu Handwerker, Polizist, Vater spielen, sich
mit Hosen und Männerhüten verkleiden würde? Nein? Wieso eigent-
lich nicht?
Ist es nicht so, dass die männliche Rolle noch immer höheres Anse-
hen genießt als die weibliche, dass also die Vorliebe eines Mädchens für
Männerrollen gewissermaßen einen Aufstieg, die eines Jungen für
Röcke und Schmuck aber einen bedenklichen Abstieg bedeutet?
Ist dieser Junge wirklich anders als andere oder traut er sich nur
unbefangener an Verhaltensweisen heran, die andere in dem Alter
schon als »unpassend« abzulehnen gelernt haben? Ist er nicht sogar
vielseitiger als andere, die sich schon in die Enge des allgemeinen Rol-
lenbildes gefügt haben? Was machen wir Erwachsenen kaputt, wenn
wir uns da einmischen?
Ich meine, das Bedenkliche bei solchem Verhalten steckt in unseren
Reaktionen, nicht im Verhalten des Kindes!

Weil in Ihrem Brief das Stichwort Homosexualität fiel: Die Ursachen der Homosexualität sind noch nicht völlig geklärt. Die Neigung dazu besteht jedoch von Geburt oder von frühester Kindheit an und ist durch Erziehung nicht beeinflussbar. Homosexualität ist keine Krankheit und keine »Perversion«, sondern eine normale und häufige Variante sexuellen Verhaltens, die es in allen Kulturen gibt und zu allen Zeiten gegeben hat. »Unnormal« wird sie erst durch die Reaktionen der Umwelt und durch die Konflikte der Betroffenen, die sich nicht so geben dürfen, wie sie fühlen.

Es ist sicher nicht auszuschließen, dass sich im Verhalten des Jungen eine homosexuelle Neigung ankündigt, sein Verhalten kann aber auch viele andere Gründe haben. Ganz selten gibt es auch noch Fälle, in denen ein Mensch aufwächst in dem Gefühl, in einem falschen Körper mit falschem Geschlecht zu stecken. So herangewachsene Menschen lassen dann manchmal, wenn sie ihr Problem erst einmal klar erkannt haben, ihr körperliches Geschlecht dem, welchem sie sich innerlich zugehörig fühlen, anpassen. Dazwischen aber liegen meist viele Jahre des Leidens am Unverständnis ihrer Mitmenschen. Denn auch in solchen Fällen ist das wichtigste, was sie brauchen, das Gefühl, so akzeptiert zu werden wie sie sind, so dass sie ihre Gefühle nicht als »abartig« verstecken zu müssen.

Was immer also hinter den Vorlieben dieses Jungen für »weibliche« Rollen und Verhaltensweisen stecken mag: Es gibt keinen Grund, sich in seine Spiele dirigierend oder gar wertend einzumischen. Schenken Sie ihm weiter Ihre Sympathie, zeigen Sie ihm, dass Sie ihn so mögen und gut finden, wie er ist. Etwas Besseres können Sie gar nicht für ihn tun.

So wie ich bin, bin ich gut

Wie immer sich also Ihr Kind in seiner Geschlechtsrolle einzurichten versucht, geben Sie ihm das sichere Gefühl, dass es so, wie es ist, gut ist. Lassen Sie ihm viel Raum dafür, spielerisch auszuprobieren, was alles möglich ist. Kleine Kinder sind sich über ihre geschlechtliche Identität zunächst gar nicht so klar. Ich hörte einen vierjährigen Jungen mal sagen: »Ich bin ein Junge, aber wenn ich groß bin, werde ich eine Frau.«

Kinder sollten mit der gleichen Unbefangenheit die ihrem Geschlecht zugeschriebenen Rollenmuster ausprobieren können wie die des anderen Geschlechts. Möglichst viele Anregungen dazu und Modelle unter den Erwachsenen machen ihnen das möglich.

Wir werden uns in Zukunft daran gewöhnen, dass unsere Söhne und Töchter ihre Geschlechtsrolle viel individueller auslegen, als wir das vielleicht noch gewöhnt sind. Schon heute ist es zum Beispiel weitgehend akzeptiert, dass es längst nicht alle als Lebensziel ansehen, eine auf lange Dauer angelegte Partnerschaft einzugehen und Kinder großzuziehen. Was für frühere Generationen noch eine »alte Jungfer«, eine »Sitzengebliebene« war, ist heute eine selbstbewusste junge Frau, die ganz in ihrem Beruf aufgeht, in der Welt herumreist und den Gedanken an Nestbau weit vor sich herschiebt oder ganz ablehnt.

Auch ob ein heranwachsender Mensch sich sexuell zum anderen oder zum gleichen Geschlecht hingezogen fühlt, wird mehr und mehr als individuelle Eigenheit akzeptiert, und gleichgeschlechtliche Partnerschaften werden auch rechtlich den anderen gleichgestellt. Für die meisten ist das keine freie Entscheidung, sondern sie folgen Ihren Empfindungen. (Mehr Informationen zum Thema Homosexualität finden Sie im Kapitel über Sexualität, Seite 100 ff.)

Selbst die Geschlechtszugehörigkeit, die für die meisten von uns nun wirklich klar und eindeutig ist, ist es für eine kleine Minderheit von Betroffenen durchaus nicht. Es gibt immer mal wieder Menschen, deren Geschlechtszugehörigkeit durch Launen der Natur nicht ganz eindeutig ist. Noch ist es Norm, dass die Ärzte bei der Geburt eine klare Zuordnung festschreiben – Junge oder Mädchen, dazwischen gibt es nichts. Aber es mehren sich die Proteste Betroffener, die, so wie sie von Natur aus sind, als Menschen zwischen den Geschlechtern, akzeptiert werden möchten.

Je unvoreingenommener wir diese individuellen Ausprägungen in ihrer Vielfalt akzeptieren, desto unbefangener können wir mit dem Experimentierverhalten unserer Kinder umgehen, desto größer ist ihre Chance, sich ganz nach ihren eigenen Empfindungen und Möglichkeiten ihr Leben einzurichten.

13. Wie schütze ich mein Kind vor sexuellem Missbrauch?

In letzter Zeit hören wir immer wieder von neuen Fällen sexuellen Missbrauchs. Oft sind Kinder betroffen, die sich über Jahre hinweg niemandem anvertrauten oder von niemandem gehört wurden. Eltern möchten ihre Kinder davor beschützen – aber wie?

Warnung vor dem bösen fremden Mann

Seit jeher warnen Eltern ihre Kinder vor dem bösen Fremden. Sie haben Angst vor dem Sexualverbrecher, der ihrem Kind in einem Wald oder Gebüsch auflauert, es in ein Auto zerrt oder in seine Wohnung locken könnte. Schließlich liest und hört man in den Medien ausführlich von solchen schrecklichen Fällen.

Aber zum Glück sind diese Fälle sehr selten, auch wenn die breite Darstellung in den Medien einen anderen Eindruck erweckt. Um sie vor solchen Gefahren zu schützen, warnen wir unsere Kinder, nicht zu Fremden ins Auto zu steigen, sich nicht durch Geschenke oder Versprechen irgendwelcher Art anlocken zu lassen. Deshalb machen wir ihnen keine Namensschilder an die Schulranzen, damit nicht ein Fremder, der sie mit ihrem Namen anspricht, eine Vertrautheit vortäuschen kann, die nicht gegeben ist.

Trotzdem muss uns bewusst sein, dass diese Verbrechen durch fremde Triebtäter nur einen sehr geringen Anteil der Fälle sexueller Gewalt an Kindern ausmachen, dass der viel häufigere, der sozusagen »alltägliche« Missbrauch ganz woanders stattfindet. In den weitaus meisten Fällen geschieht der Missbrauch durch Familienangehörige, durch gute Bekannte oder Menschen aus Institutionen, denen man das Kind anvertraut hat, durch Trainer, Pfarrer, Lehrer. Oder durch Menschen, die sich als Babysitter, hilfreiche Nachbarn, Nachhilfelehrer gezielt in unser Vertrauen und das des Kindes eingeschlichen haben. Kein Anzeichen in ihrem Äußeren, ihrem Verhalten, ihrer Herkunft kann uns davor warnen, es gibt sie überall – überall zwischen den sehr viel häufigeren vertrauenswürdigen Verwandten, Bekannten, Lehrern, Pfarrern und netten Nachbarn.

Fast immer sind die Missbrauchenden Männer, hin und wieder aber auch Frauen. Die Annahme, dass homosexuelle Männer häufiger Kinder missbräuchten als heterosexuelle, ist nicht wahr. Der Grund für diese Annahme liegt in dem weitverbreiteten Misstrauen Menschen gegenüber, die in dem ein oder anderen Merkmal »anders« sind. Unter gleichem Verdacht stehen manchmal auch geistig Behinderte oder Menschen fremder Herkunft. All das stimmt nicht. Menschen, die Kinder missbrauchen, sind Menschen wie Sie und ich, meistens solche, denen wir das niemals zugetraut hätten. Deshalb müssen unsere Versuche, die Kinder zu schützen, auch bei den Kindern selbst ansetzen und nicht bei der Warnung vor bestimmten Menschen mit bestimmten Merkmalen.

Meistens ist es ganz anders

Fast immer ist der Missbrauch auch kein einmaliges, mehr oder weniger gewaltsames Ereignis, sondern er geschieht wiederholt, regelmäßig und oft über Jahre hinweg. Der Täter nutzt das besondere Verhältnis aus, das er vorher zu dem Kind aufgebaut hat. Er wendet sich ihm sehr persönlich zu, widmet ihm Zeit, gewinnt sein Vertrauen, bereitet ihm Freude, macht ihm Geschenke. Deshalb sind Kinder, denen es an dieser persönlichen Zuwendung mangelt, besonders gefährdet.

Das Kind wird den Übergang von unbefangener Zärtlichkeit zum sexuellem Übergriff oft gar nicht gleich bemerken. Erst wenn es um Ausziehen und Nacktsein geht, um das Berühren und Manipulieren der Geschlechtsteile, wachsen Unlustgefühle, Angst, Scham und Widerstand.

Aber dann gelingt es dem Täter meistens, das kindliche Opfer von einer Offenbarung abzuhalten. Er appelliert entweder an das Schuldgefühl des Kindes – »Das hat dir doch bis jetzt auch immer gefallen, was meinst du, was deine Eltern sagen, wenn du das erzählst!« oder an seine Zuneigung – »Wenn du das verrätst, dürfen wir uns nicht mehr sehen, dann können wir auch nicht mehr zusammen schwimmen gehen (oder was sonst dem Kind bisher angenehm war), und mir wird es sehr schlecht gehen – willst du das?«

Das kindliche Opfer wird häufig sehr verwirrt sein – es liebt den Täter, weil er zum Beispiel sein Papa, sein Onkel ist, traut ihm eigentlich nichts Böses zu, möchte ihn auch vor Unbill beschützen. Es möchte zwar, dass der Missbrauch aufhört, hat aber auch selbst heftige Schuldgefühle, die ja auch der Täter noch gezielt schürt. Und es schämt sich. Oder es weiß selbst gar nicht so recht, was da eigentlich geschieht, weil ihm der Täter zum Beispiel gesagt hat: »Das machen doch alle so, die sich sehr liebhaben.«

Ist es in der Familie nicht üblich, über Sexuelles zu sprechen, ist das Kind sexuell unaufgeklärt, kann es das, was es bedrückt, auch nicht in Worte fassen oder traut sich nicht, darüber zu reden. Deshalb spielt auch bei dem, was man zum Schutz der Kinder tun kann, das unbefangene Sprechen über Sexuelles eine so große Rolle.

Was Eltern tun können

Wenden wir uns also angesichts dieser Kenntnisse der Frage zu, wie wir ein Kind gegen sexuelle Übergriffe möglichst immun machen können.

Manche Eltern fürchten, dass Kinder, die sehr körperbewusst und offen sexuell neugierig sind, eher gefährdet sind oder dass man durch »zu frühe« Aufklärung sozusagen »schlafende Hunde weckt«. Das Gegenteil ist richtig. Besonders gefährdet sind Kinder, die sehr zuwendungsbedürftig erscheinen, dabei sehr schüchtern sind, wenig Selbstbewusstsein zeigen und sexuell nicht aufgeklärt sind.

Deshalb muss es das Ziel einer vorbeugenden Erziehung sein:

▶ Dass das Kind sich selbstbewusst gegen etwas wehren kann, was es nicht mag.
▶ Dass es sich nicht so leicht etwas einreden lässt.
▶ Dass es schnell geneigt ist, mit jemandem darüber zu reden.
▶ Dass es auch die richtigen Worte dafür findet.
▶ Und dass es jemanden findet, der ihm zuhört und ihm glaubt.

Deshalb ist es wichtig, dass das Kind sicher ist:

▶ Ich kann meinen Gefühlen trauen.
▶ Mein Körper gehört mir – ich muss nichts mit ihm machen lassen, was ich nicht will.
▶ Es gibt nichts, worüber man nicht sprechen kann.
▶ Ich habe immer jemanden, der mir zuhört, der mich nicht ausschimpft.

Im Grunde ist jede körperfreundliche Erziehung, jede Erziehung zu Autonomie und Selbstbewusstsein auch ein Schutz gegen Missbrauch und Ausbeutung. Dieses ganze Buch ist also auch eine Anleitung dazu, Kinder gegen Missbrauch zu schützen.

Wie ich Kindern helfen kann, ihre eigenen Gefühle zu erkennen, ihnen zu vertrauen und sie zu äußern, beschreibe ich ausführlich in einem eigenen Kapitel, denn diese Fähigkeit ist für die gesamte seelische Entwicklung wichtig. Das gilt auch für den nächsten Aspekt.

Mein Körper gehört mir

Kinder sollen so früh wie möglich autonom werden im Umgang mit ihrem Körper – sie entscheiden, was sie essen wollen, sie sind stolz, wenn sie sich allein anziehen, allein auf die Toilette gehen, sich danach allein abputzen und wieder herrichten können. Vielleicht riegeln sie irgendwann sogar die Badtür zu, damit Sie nicht helfend eingreifen können. Lassen Sie sie, auch wenn da mal die Reinlichkeit zu kurz kommt.

Wichtig ist auch das Einhalten kindlicher Schamgrenzen. So manches Zweijährige mag nicht allein im Bad auf dem Topf sitzen, sondern tut das viel lieber im Wohnzimmer, im Kreise der Familie. Ein anderes ist da womöglich sehr empfindlich, lässt nur Mama und Papa an seinen Popo und niemanden sonst. Für die Oma, die dringend die volle Windel wechseln möchte, kann das manchmal Probleme geben. Trotzdem sollte sie dem Enkelchen nicht ohne Erlaubnis »an die Wäsche gehen«.

Wenn ein Sechsjähriger plötzlich morgens das Bad abriegelt, bis er mit allem fertig ist, mag das den morgendlichen Ablauf empfindlich stören, und Eltern, die sich immer unbefangen nackt gezeigt haben, mögen sich fragen, wo das Kind das plötzlich herhat. Darüber kann man sicher reden, aber ausschimpfen oder auslachen sollte man das Kind nicht. Und erst recht sollte man sich nicht einfach über das Bedürfnis des Jungen hinwegsetzen.

Anfassen nur mit Erlaubnis

Bei aller Lust an ihrem Körper sollen Kinder wissen: Ich darf alles mit meinem Körper machen, andere dürfen das nicht ohne meine Erlaubnis. Und das betrifft den ganzen Körper.

Jeden reizt es gelegentlich, so ein zartes, weiches Wesen mal eben in den Arm zu nehmen, zu knuddeln und zu küssen. Aber will das Kind das auch? Ein Kind ist kein Kuscheltier. Es ist nicht dazu da, unser eigenes Bedürfnis nach Zärtlichkeit und menschlicher Wärme zu befriedigen.

Kinder zeigen uns durch ihr Verhalten, durch Gesten der Zuwendung oder Ablehnung, ob sie zum Schmusen mit uns aufgelegt sind oder nicht. Diese Hinweise haben wir zu respektieren. Tun wir es nicht, gewöhnen wir sie daran, die Launen Erwachsener stoisch über sich ergehen zu lassen. Gerade daran aber sollen sie sich nicht gewöhnen! Auch wenn ein Einjähriges sich vor unserer freundlichen Zuwendung sichernd hinter Mutters Hosenbein zurückzieht, sollten wir die kritische Distanz respektvoll einhalten.

Diese Achtung vor dem Wunsch des Kindes nach Distanz gilt für alle Formen körperlicher Berührung. Es soll dem Opa kein Küsschen geben, wenn es das nicht mag, es muss sich auch von niemandem auf den Schoß nehmen lassen. Und es muss auch niemandem auf Anweisung die Hand geben. Sicher, manchmal ist es ein bisschen peinlich, wenn das Kind als Reaktion auf eine freundlich hingestreckte Hand die seine trotzig auf dem Rücken versteckt. Kleine Kinder sind da völlig unverblümt und kennen noch keine Diplomatie. Aber Erwachsene sollen sich das Vertrauen eines Kindes ruhig verdienen, selbst wenn sie enge Verwandte sind und glauben, ein Recht darauf zu haben.

Das Kind soll immer wissen, dass es die Nähe oder Distanz zu einem Menschen selbst bestimmen kann, ohne dafür gescholten zu werden. Ein Kind, das gewöhnt ist, solche Ansinnen ablehnen zu dürfen, wird sich auch selbstbewusster gegen missbräuchliches Verhalten wehren können.

Erwachsene, die dem Kind notwendigerweise »an die Wäsche wollen«, der Arzt zum Beispiel oder die Erzieherin im Kindergarten, sollten ihm ihre Absicht immer ankündigen und klar begründen. »Ich muss jetzt deinen Bauch untersuchen« oder »Komm, ich will dir mal die Windel wechseln.«

Beim Arzt muss so manches auch gegen den Willen des Kindes geschehen, aber das wird immer ausdrücklich von Vater oder Mutter legitimiert. Ein Kind, das sich dessen nicht sicher ist und lauthals brüllt, sollte man niemals deswegen schelten oder bestrafen. Aber was macht zum Beispiel die Erzieherin oder die Babysitterin, wenn ein Kind das Windelwechseln ablehnt? Sie muss zumindest darüber nachdenken, was jetzt das Wichtigere ist – die Autonomie des Kindes oder die Hygiene.

Kritik an Erwachsenen muss erlaubt sein

Ein widerborstiges Kind, eines, das nicht aufs Wort gehorcht, ist weniger in Gefahr, sich einen Missbrauch gefallen zu lassen. Das ist doch ein schöner Trost, an den Sie denken können, wenn es Ihr Sprössling mal wieder am vermeintlich nötigen Respekt vor einem Erwachsenen fehlen lässt. Es hat Vorteile, nicht immer brav zu sein.

Kinder äußern sich häufig kritisch über Erwachsene. Und nicht immer ist ihr Urteil von den nötigen Einsichten bestimmt, nicht immer halten sie sich dabei an die Regeln des Anstands. Das kann man monieren. Aber Kinder sollten aus den Reaktionen der Erwachsenen nicht den Schluss ziehen, dass es ihnen überhaupt nicht zusteht, über Erwachsene kritisch zu urteilen. Oft genug erfassen sie unsere Schwächen und Fehler mit erstaunlichem Scharfblick. Und sie können nur lernen, ihrem eigenen Urteil zu trauen, wenn wir sie auch zu Kritik ermutigen, wenn wir diskutieren, argumentieren und manche Dinge geraderücken. Bequemer und weniger anstrengend ist es allerdings, ihnen in solchen Fällen einfach den Mund zu verbieten. Aber wie kann es über »schlimme Sachen« reden, wenn es nichts Kritisches oder Abwertendes über Erwachsene sagen darf?

Es gibt nichts, worüber man nicht sprechen kann

Wird bei Ihnen zu Hause unbefangen über sexuelle Themen geredet? Oder haben Sie Schwierigkeiten, bestimmte Dinge über die Lippen zu kriegen? Drücken Sie sich um solche Themen lieber herum? Dann wird diese Schwierigkeiten wahrscheinlich auch Ihr Kind bekommen. Es lernt, dass Sexualität ein Thema ist, das man besser meidet.

Aber die Neugier auf das, was hinter diesem Tabu stecken mag, was ihm da vorenthalten wird, die gedeiht umso mehr, wenn ein Thema gemieden wird. Naive Neugier ist es oft, die ein Kind erste sexuelle Anspielungen oder Übergriffe dulden lässt. Und dann verhindern Scham und Angst vor Vorwürfen oder Strafe und eben das Tabu, das zu Hause herrscht, dass es über seine Erfahrungen und widersprüchlichen Empfindungen mit jemandem redet. Vielleicht testet es mit weniger verfänglichen Themen aus dem sexuellen Bereich die Gesprächsbereitschaft. Merkt es aber wieder, dass der Person, der es sich anvertrauen möchte, diese Themen peinlich sind, dann verstummt es.

Bemühen Sie sich deshalb um einen unbefangenen Umgang mit den Fragen Ihrer Kinder zur Sexualität. Warten Sie aber nicht nur auf Fragen, regen Sie auch von sich aus Gespräche an, wie Sie es ja bei anderen interessanten Dingen auch tun. Schaffen Sie eine Atmosphäre, die Ihren Kindern das Fragen leicht macht. Und antworten Sie offen. Vor einem »zu früh« brauchen Sie sich nicht zu fürchten. Wer reif genug ist, eine Frage zu stellen, ist auch reif genug, eine Antwort zu verstehen. Wer eine offene Antwort bekommt, aber noch nicht alles verstanden hat, der fragt später noch einmal nach.

Reagieren Sie auch nicht schockiert, wenn Ihr Kind mit einem Vokabular aus dem Kindergarten oder aus der Schule kommt, das Sie nicht akzeptabel finden. Reden Sie über das, was Sie stört, aber schimpfen oder strafen Sie nicht. Wenn nicht frei von der Leber weg geredet werden darf, wird oft überhaupt nicht mehr geredet. Schlagen Sie nicht Türen zu, die lieber offen bleiben sollten.

Wie sag ich's konkret?

Nutzen Sie jede Gelegenheit im Gespräch mit Ihrem Kind, um ihm zu bestätigen, dass es sich Dinge, die ihm komisch vorkommen oder die es nicht mag, nicht gefallen lassen muss. Und dass es dann ruhig mit Ihnen darüber reden soll. Es genügt allerdings nicht, wenn Sie das, was ihm passieren könnte, nur in wolkigen Formulierungen vage andeuten. Gerade die möglichen Anfänge sexueller Übergriffe sollten Sie schon ganz konkret benennen.

»Wenn dich jemand streicheln will, und du willst das gar nicht«, »Wenn jemand sagt, dass du dein Höschen runterziehen sollst«, »Wenn jemand dich zwischen den Beinen anfassen will«, »Wenn ein Mann will, dass du seinen Penis anfasst« – »Dann sag, dass du das nicht willst und dass du es zu Hause erzählen wirst.«

Sie können das Kind auch fragen: »Was würdest du dir nicht gefallen lassen wollen?«, und das dann ergänzen. Sie können sich auch Was-wäre-wenn-Situationen ausdenken oder kleine Rollenspiele veranstalten. So was kommt bei Kindern oft besser an als trockene Belehrungen.

Wenig sinnvoll ist es, dem Kind Angst zu machen vor dem Schlimmen, was sonst weiter passieren könnte. Denn Angst macht es eher unsicher. Wenn wir selbst ruhig und sicher über das Thema reden, wird das Kind auch eher sicher auftreten können.

Unweigerlich wird das Kind irgendwann wissen wollen: »Aber warum machen manche Leute so was?« Wenn wir dem Kind jetzt erklären, das seien Menschen, die krank sind, oder die mit erwachsenen Partnern nicht zurechtkommen, dann geht das gefährlich an der Realität vorbei. Denn dann schließt das den Lehrer, den Papa, den Nachbarn aus, die ja sichtbar gesund sind und oft auch erwachsene Partner haben. Ehrlicher und hilfreicher ist die Antwort, dass immer mal wieder Leute einfach Dinge tun, die verboten sind, die sie nicht tun dürfen. Und dass das durchaus auch mal Leute sein können, die das Kind gut kennt. Auch dass diese Leute fast immer Männer sind, aber manchmal auch Frauen, sollten die Kinder wissen.

Gegen die Versuche eines Täters, sein kindliches Opfer zu verunsichern, richtet sich die immer wieder, auch bei anderen Themen geäußerte Bemerkung: »Und wenn dir was unheimlich ist, wenn du nicht sicher bist, dann erzähl es mir.«

Auch über gute und schlechte Geheimnisse werden Sie reden müssen. Sicher soll ein Kind ein Geheimnis für sich behalten können, wenn es etwa um eine geplante Überraschung geht. So ein Geheimnis macht letztlich allen Freude. Deshalb ist es ein gutes Geheimnis. Aber eines, das für den einen gut ist, dem anderen aber sehr unheimlich, das ist ein schlechtes Geheimnis und muss nicht eingehalten werden. Sie können auch sagen, dass man seinen Eltern alles erzählen darf, auch Geheimnisse.

Damit das überzeugend ist, sollten Sie sich auch in anderen Zusammenhängen als zuverlässig im Umgang mit Geheimnissen erweisen. Wenn Ihnen Ihre Tochter erzählt, dass ihre Freundin schon mehrmals im Warenhaus etwas hat mitgehen lassen, sie aber versprochen habe, ihre Freundin nicht zu verpetzen, dann ist auch das ein schlechtes Geheimnis, weil es Ihrer Tochter Bauchschmerzen macht und der Betroffenen letztlich auch schadet. Trotzdem sollten Sie nicht gleich die Mutter der Freundin anrufen, ohne vorher ausführlich mit der Tochter beratschlagt zu haben, was am besten zu tun sei.

Was, wenn Sie einen Verdacht haben?

Zum Glück bleibt all das Geschilderte für die Mehrheit der Eltern lediglich Vorsorge für einen Fall, der nicht eintritt oder wenigstens im Keim erstickt werden kann. Aber was kann man tun, wenn der Verdacht des Missbrauchs doch aufkommt?

Kinder, die über längere Zeit sexuell missbraucht werden, fallen durch Besonderheiten in ihrem Verhalten auf. Das Problem ist allerdings, dass jede dieser Besonderheiten für sich genommen auch ganz andere, oft harmlose Ursachen haben kann. Erst wenn sie gebündelt auftauchen, wenn andere Verdachtsmomente hinzukommen, muss man so einem Verdacht nachgehen.

Da selten körperliche Gewalt angewendet wird, finden sich auch selten Verletzungen oder blaue Flecken, wenn doch, dann vor allem an den Innenseiten der Oberschenkel, oder es sind kleine Einrisse am After, bei Mädchen auch an der Scheide, zu finden. Kindern, die schon im Kleinkindalter missbraucht werden, ist diese Tatsache wahrscheinlich gar nicht bewusst, wird sozusagen Teil ihres Alltags. Aber da der Täter ihnen das Recht auf Autonomie vorenthalten hat, fallen sie oft durch extreme Distanzlosigkeit, vor allem in sexuellen Bezügen auf. Sie onanieren vielleicht ungeniert vor anderen, haben auch kein Gespür dafür, wenn sie anderen körperlich zu nahe treten, eben weil sie diese Fähigkeit und dieses Recht, sich körperlich zu distanzieren, nicht kennengelernt haben. Sie bringen häufiger als andere sexuelle Bezüge ins Puppenspiel ein, spielen häufig sexuelle Verhaltensweisen nach. Das tun auch seelisch gesunde Kinder, nur eben nicht so gehäuft und so auffällig distanzlos.

Kindern, deren Missbrauch erst im Schulalter beginnt, ist die Tatsache, dass ihnen Unrecht widerfährt, meistens bewusst. Dadurch entstehen Gefühle von Angst, Hilflosigkeit, tiefer Verunsicherung. Das verursacht oft Brüche in ihrem Verhalten – plötzlich verschlechterte Schulleistungen, plötzlicher Appetitmangel oder auch Heißhunger. Solche Verhaltensbrüche treten aber bei vielen seelischen Belastungen auf, etwa bei Trennung der Eltern oder schwerer Erkrankung eines Familienmitglieds.

Anzeichen können auch Angst- oder Erstickungsanfälle sein, Zerkratzen der Haut, starkes Nägelkauen oder Haareausreißen. Oder auffälliges Zurückweichen vor jeder persönlichen Ansprache oder körperlichen Berührung. Vielleicht weigert sich ein Kind auch plötzlich, sich zum Sport- oder Schwimmunterricht auszuziehen, einen bestimmten Weg zu gehen oder eine bestimmte Person weiter zu besuchen.

Insbesondere Jungen können, statt sich zurückzuziehen, auch auffallend aggressiv und machtfixiert auftreten, als wollten sie die Tatsache, dass sie zum Opfer wurden, durch besondere Betonung von Überlegenheit ausgleichen.

Ich kann es nicht glauben!

Vor allem wenn der Missbrauch in der eigenen Familie geschieht, stehen sich die Eltern, die es ja als Erste bemerken müssten oder denen das Kind sich anzuvertrauen versucht, oft selbst im Weg. Nach dem Motto, »dass nicht sein kann, was nicht sein darf«, verschließen sie sich den Signalen des Kindes, versuchen selbst klare

Äußerungen zu verdrängen. Denn die Gefühle geraten in heftigen Aufruhr, wichtige Beziehungen sind in Gefahr. Der Mann, den die Mutter liebt, dem sie vertraut, soll sich an der Tochter vergriffen haben? Der Bruder soll die kleine Schwester missbrauchen? Das kann, das darf nicht wahr sein! Da ist es leichter, dem Kind eine »schmutzige« Phantasie zu unterstellen oder anzunehmen, dass es lügt. Aber sehr wahrscheinlich lügt es nicht. Und es braucht Sie dann sehr. Stellen Sie sich dem Verdacht, auch wenn es wehtut. Lassen Sie das Kind nicht im Stich!

Weil das Thema so konfliktbelastet ist, sind es manchmal eher Außenstehende – die Erzieherin oder Lehrerin, die Nachbarin –, denen etwas auffällt, denen das Kind sich anvertraut. Sie fragen sich dann verwirrt, was sie jetzt tun können oder tun müssen.

Was tun?

Wenn Sie den Verdacht haben, dass ein Kind in Ihrer Umgebung sexuell missbraucht wird, sollten Sie sich keinesfalls allein dafür zuständig fühlen. Bewahren Sie erst einmal Ruhe. Notieren Sie alles, was Sie zu diesem Verdacht gebracht hat. Und wenden Sie sich dann an eine Fachberatungsstelle für Missbrauchsopfer oder eine Familienberatungsstelle. Oder lassen Sie sich vom Jugendamt eine solche Stelle nennen. Dort wird man gemeinsam mit Ihnen beraten, wer wann was unternehmen soll. Wenn es Ihnen lieber ist, können Sie sich auch zunächst mal anonym beraten lassen. Vielleicht, weil Sie sich der Bedeutung Ihrer Beobachtungen nicht sicher sind und niemanden ungerecht beschuldigen möchten.

Berichtet ein Kind Ihnen spontan über sexuelle Übergriffe, sollten Sie ihm glauben. Kinder denken sich so etwas nicht aus. Vermitteln Sie dem Kind das Gefühl, es habe gut daran getan, Ihnen zu vertrauen. Es darf durch Ihre Reaktion keineswegs den Eindruck bekommen, es hätte doch lieber den Mund gehalten. Denn es befindet sich meistens in einem schweren Konflikt. Zum einen möchte es unbedingt, dass die Übergriffe aufhören. Zum anderen soll es, so wurde es ihm gesagt, ein Geheimnis nicht verraten.

Wenn der Täter ein enger Verwandter oder Vertrauter ist, hat es ihn trotzdem lieb und möchte ihm nicht schaden. Es schämt sich, weil es glaubt, selbst mit schuld zu sein an dem, was passiert. Deshalb kann das, was es sagt, auch widersprüchlich sein – mal anklagend, mal abwiegelnd. Oder es versucht ganz zurückzunehmen, was es gesagt hat.

Vermeiden Sie es, das Kind auszufragen. Denn Fragen suggerieren leicht eine bestimmte Antwort. Und nach einer Weile weiß das Kind dann selbst nicht mehr, was es genau erlebt hat und was ihm durch ungeschickte Fragen nahegelegt worden ist. Falls es vor Gericht aussagen muss, ist das aber entscheidend wichtig. Denn es gibt manchmal auch Berichte darüber, dass suggestive Befragungen zu einer falschen Beschuldigung geführt haben.

Wenn Sie professionelle Hilfe brauchen, können Sie sich immer an Organisationen wie Wildwasser, Zartbitter, aber auch noch viele andere wenden. Auf der Website von Wildwasser (‹www.wildwasser.de›) können Sie sich auch eine Anlaufstelle in Ihrer Wohnortnähe nennen lassen.

14. Eine Sache des Temperaments

Der vierjährige Jonathan ist ein Ausbund an Lebendigkeit. Den größten Teil des Tages verbringt er rennend. Wenn ihn jemand zwingen will, ein Weilchen still zu sitzen, zum Beispiel im Kindersitz beim Autofahren, kann er potzwütend werden. Wenn er aber mit einem Spiel beschäftigt ist, das seinem Bewegungsdrang entspricht, zum Beispiel Roller fahren, ist er sehr eifrig und konzentriert bei der Sache und protestiert lauthals, wenn ihn jemand unterbrechen will. Einige Verwandte sind der Meinung, das Kind sei nicht normal – vielleicht hyperaktiv? Oder schlecht erzogen? Aber Jonathan ist ein vollkommen normales Kind. Er besitzt nur Temperamentseigenschaften, die den Umgang mit ihm schwierig und anstrengend machen.

Angeboren, aber nicht unveränderbar

Als Temperament bezeichnet man Merkmale, die angeben, wie ein Mensch reagiert, wie er etwas tut – schnell oder langsam, forsch oder zurückhaltend, heftig oder maßvoll zum Beispiel. Diese Eigenheiten sind mehr als vieles andere anlagebedingt und ziemlich stabil. Wahrscheinlich handelt es sich um Eigenschaften des zentralen Nervensystems, seiner Reizschwellen und Rezeptoren, der Konzentration von Hormonen und Botenstoffen. Das ist noch nicht genau erforscht. Anlagebedingt heißt allerdings nicht unveränderbar. Ein bestimmtes Temperament macht nur bestimmte Verhaltensmuster wahrscheinlicher, macht es besonders schwer, Verhaltensweisen zu lernen, die diesem Temperament nicht entsprechen.

Die wichtigsten Temperamentsmerkmale sind:

▶ Die *Aktivität* – sie gibt an, mit wie viel Bewegung die täglichen Verrichtungen verbunden sind. Kinder mit hoher Aktivität sind ständig in Bewegung, wie Jonathan, Kinder mit niedriger Aktivität bewegen sich eher bedächtig, werden leicht für träge oder faul gehalten.

▶ Die *Intensität* – sie gibt an, mit welchem Energieaufwand ein Mensch reagiert. Ein Kind mit hoher Intensität protestiert laut und heftig, gerät vor Freude fast außer sich, kann sehr wütend werden. Auch das trifft auf Jonathan zu. Kinder mit geringer Intensität reagieren eher verhalten, man merkt oft kaum, ob sie sich freuen oder ärgern.

▶ Die *sensorische Reizschwelle* – sie gibt an, wie stark ein Reiz sein muss, um eine Reaktion auszulösen. Kinder mit einer niedrigen Reizschwelle sind sehr sensibel. Sie reagieren heftig auf Geräusche, regen sich schnell auf, schlafen oft unruhig, schreien viel. Kinder mit hoher Reizschwelle sind ziemlich stressfest und nicht so leicht aus der Ruhe zu bringen.

▶ *Annäherung/Vermeidung* – dieses Merkmal gibt an, wie ein Mensch zu Anfang auf fremde Menschen, Situationen, Aufgaben reagiert. Ein Kind, das sich leichter annähert, reagiert spontan, vertrauensselig, arglos und sorglos. Eines, das eher vermeidend reagiert, ist schüchtern und zurückhaltend. Oft wird hier ein Zusammenhang mit der Reizschwelle gesehen. Vielleicht lernen Kinder mit einer niedrigen Reizschwelle sehr früh, möglichst neue Reize zu meiden, um nicht so oft in Stress zu geraten.

▶ Das *Anpassungsvermögen* – es beschreibt, wie lange ein Mensch nach der ersten Reaktion braucht, um sich an neue Umstände zu gewöhnen. Ein Kind mit geringem Anpassungsvermögen braucht lange, um sich an ein neues Bettchen, eine Tagesmutter, den Kindergarten zu gewöhnen. Es besteht ziemlich stur auf bestimmten Gewohnheiten und Ritualen.

▶ Die *Ablenkbarkeit* – sie gibt an, wie leicht sich jemand durch äußere Reize von einer Tätigkeit abbringen lässt. Ein Kind mit hoher Ablenkbarkeit ist leicht unaufmerksam, eines mit niedriger kann sich so sehr vertiefen, dass es nichts anderes mehr wahrnimmt.

▶ Die *Ausdauer* – gibt an, wie zäh jemand eine Tätigkeit oder ein Ziel verfolgt, wenn Hindernisse auftauchen. Meistens ist hohe

Ablenkbarkeit mit geringer Ausdauer verbunden, aber ein Kind mit viel Ausdauer kommt vielleicht immer wieder auf eine Sache zurück, auch wenn es sich zwischendurch leicht ablenken lässt.

▶ Die *Regelmäßigkeit* – sie gibt an, wie konstant jemand in seinen biologischen Rhythmen ist. Ein Kind mit hoher Regelmäßigkeit wird zu festen Zeiten müde, hungrig, durstig, macht fast jeden Tag zur gleichen Zeit die Windel voll. Kleine Kinder mit geringer Regelmäßigkeit sind für Eltern besonders anstrengend.

▶ Die *Stimmungslage* – sie beschreibt die vorherrschende gefühlsmäßige Tönung im Verhalten eines Menschen. Ein Kind mit sehr positiver Stimmungslage ist vorwiegend freundlich und heiter. Eines mit sehr negativer Stimmungslage reagiert besonders oft ängstlich oder ärgerlich.

Eins ist so normal wie das andere

Alle diese Merkmale sind normal, keine Ausprägung ist besser oder schlechter als eine andere, allerdings führen manche besonders leicht zu bestimmten Schwierigkeiten. Eltern, die Kinder mit solch anstrengenden Temperamentseigenschaften haben, fühlen sich leicht verunsichert und hilflos.

Warum haben sie solche Probleme mit dem Kind? Warum kommen andere Leute mit ihren Kindern besser zurecht? Womöglich haben die anderen einfach Kinder mit einem leichter handhabbaren Temperament.

Probleme tauchen dann auf, wenn die Temperamentseigenheiten eines Kindes nicht zu den Erwartungen der Eltern oder den Anforderungen der Umwelt passen.

▶ Eltern sind besorgt, wenn ein Kind sehr schüchtern ist und möchten es gern umkrempeln.

▶ Die Schule verlangt auch von einem sehr aktiven Kind, dass es eine Weile still sitzt.

Wichtig ist, dass Eltern, Erzieherinnen und Lehrerinnen solche Temperamentseigenheiten erst einmal wahrnehmen und sich darauf einstellen, anstatt sie gleich als mögliche Störung anzusehen. Sie sollten nicht von allen Kindern erwarten, dass sie gleich gut still sitzen können, sich gleich gut konzentrieren, sich gleich gut an neue Bedingungen gewöhnen können. Eine hierfür aufmerksame Lehrerin wird Kindern ermöglichen, ein Stück weit ihrem Temperament entsprechend zu leben, einem sehr aktiven Kind zum Beispiel in der Schule immer mal wieder die Möglichkeit bieten, aufzustehen und etwas zu holen, etwas zu zeigen, sich zu bewegen. Sie wird ein sehr schüchternes Kind nicht zwingen, vor der ganzen Klasse etwas vorzulesen.

Temperamentsunterschiede machen auch die persönliche Eigenheit, den besonderen Charme eines Menschenkindes aus. Wie langweilig wäre es, wenn wir alle gleich wären!

Wo allerdings solche Eigenheiten die gute Entwicklung eines Kindes behindern oder enttäuschende Erfahrungen bewirken, brauchen solche Kinder eine behutsame Führung, die sie da abholt, wo sie besondere Schwierigkeiten haben, die ihnen in kleinen, gehbaren Schritten ermöglicht, das zu lernen, was nun mal wichtig ist – zum Beispiel ein Weilchen still zu sitzen oder leichter auf andere Menschen zuzugehen.

15. Stiefkind Gefühl

Wenn wir, live oder im Fernsehen, Zeuge einer Beerdigungszeremonie von Menschen aus dem Vorderen Orient oder aus Afrika werden, dann befremdet uns oft das laute Weinen, Schreien, Wehklagen der Angehörigen. Schon in Südeuropa erleben wir, dass Gefühle, neben der Trauer auch Freude oder Wut, viel exzessiver, lauter, lebhafter geäußert werden, als wir das gewöhnt sind.

Das war auch bei uns lange anders. Im Mittelalter lebte man sehr ungeniert, gab Gefühlen und körperlichen Vorgängen lauten Ausdruck. Im 18., 19. Jahrhundert wurde dies immer mehr verpönt. Die Höflichkeit (das heißt im Wortsinne: Das Verhalten, das bei Hofe üblich war) verlangte, dass man Affekte und Gefühle nur sehr dezent oder am besten gar nicht nach außen dringen ließ. Dies ging einher mit einer immer stärkeren Körperfeindlichkeit und betraf vor allem auch die Einstellung zur Sexualität.

Anfang des 20. Jahrhunderts war es dann Sigmund Freud, der öffentlich machte, dass diese permanente Unterdrückung des Körpers, seiner Bedürfnisse, seiner Gefühle und deren lautem Ausdruck zu schweren seelischen Erkrankungen und Verkrüppelungen führt. Das ist nun über hundert Jahre her und es gab einige Gegenbewegungen – immer noch gilt es bei uns als unfein, seiner Lebendigkeit, seiner Befindlichkeit laut und ungehemmt Ausdruck zu geben. So manche Psychotherapie setzt da an – Gefühle zulassen, Gefühlen Ausdruck verschaffen, seine Not herausschreien, damit die Seele gesund werden kann. Erst die Konfrontation mit anderen Kulturen und Epochen macht es uns möglich, kritisch zu fragen, ob unsere Verhaltensnorm wirklich die bestmögliche ist.

Verstand und Gefühl

Bei uns ist in den vergangenen Jahrzehnten viel darüber geschrieben worden, wie die Intelligenz von Kindern gepflegt und gefördert werden kann. Und Eltern haben sich große Mühe gegeben, diesen Empfehlungen zu folgen. Die Gefühle waren eher Stiefkinder, galten als Sand im Getriebe, als etwas, das den »vernünftigen« Umgang mit einem Problem eher stört.

Inzwischen mehren sich die Untersuchungsergebnisse, die zeigen, dass unser Denken und Handeln viel stärker durch Emotionen beeinflusst werden, als wir bislang glaubten, und das durchaus auch in positvem Sinne. Ein ungutes Gefühl kann uns zum Beispiel vor einer Gefahr warnen, noch ehe der kritische Verstand sie korrekt erfassen kann, etwa wenn wir einen Menschen spontan nicht mögen. Ein Handeln »aus dem Bauch heraus« kann also durchaus sinnvoll und angemessen sein, zum Beispiel wenn wir intuitiv die Absichten eines anderen richtig einschätzen und darauf prompt reagieren. Umgekehrt warnt uns der kritische Verstand davor, in der Rage eines heftigen Gefühls unangemessen zu handeln, zum Beispiel, wenn wir wütend sind und Lust hätten, alles kurz und klein zu schlagen.

Gefühle und Stimmungen sind nicht etwas, das uns unbeeinflussbar überfällt, auch hier spielen Erfahrung und Lernen eine große Rolle. Deshalb ist es sinnvoll und erfolgreich, wenn wir die emotionale Beeinflussung unseres Handelns nicht einfach hilflos hinnehmen, sondern das Erkennen von Gefühlen und den Umgang mit Gefühlen bewusst erlernen und auch bei unseren Kindern fördern. Was emotional unbeachtet unter der Oberfläche gärt, nimmt großen Einfluss auf unser Verhalten, ohne dass wir es kontrollieren können. Erst was ins Bewusstsein gedrungen ist, kann bearbeitet werden.

Wir müssen lernen, unsere Gefühle als wichtigen und respektablen Teil unserer selbst zu betrachten, kennenzulernen und anzunehmen. Es geht nicht darum, seine Gefühle zu beherrschen, wie das so oft formuliert wird. Beim Beherrschen ist immer einer der Unterdrückte, der Recht- und Einflusslose. Wir sollen aber unsere Gefühle nicht unterdrücken, sondern Gefühl und Verstand miteinander in Einklang bringen, Gleichgewicht und Ausgewogenheit zwischen ihnen herstellen.

Emotionale Intelligenz

Der amerikanische Psychologe Daniel Goleman plädiert dafür, den Begriff der Intelligenz nicht mehr allein auf das Denken zu beziehen, sondern auch von emotionaler Intelligenz zu sprechen und sie genauso bewusst zu erforschen und zu fördern. Denn der Mangel an emotionaler Intelligenz hat weitreichende Folgen für die seelische Gesundheit Einzelner und für das Zusammenleben von Gemeinschaften.

Schon bei Kindergarten- und Schulkindern, die durch unsoziales Verhalten auffallen, zeigt sich oft eine besondere emotionale Hilflosigkeit. Sie finden sich in ihren eigenen und in den Gefühlen anderer nicht zurecht. Sie erkennen die emotionalen Äußerungen anderer oft nicht, deuten sie falsch und reagieren dann unangemessen. Dadurch werden sie leicht zu Außenseitern und Sündenböcken. Das wiederum bestärkt sie in ihrem unsozialen Verhalten.

Nur wer die eigenen Gefühle gut kennt, gut mit ihnen umgehen kann, kann sich auch gut in andere hineinfühlen, sie gut verstehen. Wer eigene Gefühle verdrängt hat, verfolgt oft an anderen, was er bei sich selbst nicht wahrnehmen darf. Wer also mit anderen gut auskommen will, ist in hohem Maße auf emotionale Intelligenz angewiesen.

▶ Er muss sich in die Situation der anderen hineinversetzen können, um ihr Ausdrucksverhalten richtig zu deuten, ihre Motive, ihre Reaktionen zu verstehen.

▶ Er muss die eigenen emotionalen Äußerungen darauf so abstimmen, dass sie zu den Bedürfnissen der anderen passen, dass sie andere nicht vor den Kopf stoßen, kränken, ihnen komisch und unangemessen vorkommen.

Erst dieses beiderseitige Abstimmen der emotionalen Antennen und Sender ermöglicht ein gutes Auskommen miteinander. Es ist also nicht nur eine Frage der individuellen seelischen Gesundheit, bei Kindern die emotionale Intelligenz von klein an gezielt zu fördern, es beeinflusst ganz wesentlich auch ihr soziales Verhalten und damit das Wohlergehen anderer. Das wiederum ist auch wichtig für ihr persönliches Wohlergehen. Denn Menschen, die sozial eingebunden sind, die mit anderen gut auskommen, sind seelisch und körperlich gesünder als Ausgegrenzte.

Frühe emotionale Missverständnisse – Schreikinder

Eltern, die mit eigenen Gefühlen gut klar kommen, können sich besser in ihre Kinder hineinfühlen, ihre emotionalen Reaktionen besser verstehen. Kinder, die sich vom Babyalter an verstanden und deshalb sicher fühlen, entwickeln intuitiv auch selbst besser die Fähigkeit, sich in andere hineinzufühlen.

Nun liest man in den letzten Jahren viel über sogenannte Schreikinder – Babys, die oft stundenlang schreien, ohne dass die verzweifelten Eltern eine Erklärung dafür finden können. Fachleute gehen davon aus, dass in vielen dieser Fälle die emotionale Abstimmung zwischen Eltern und Kind, dieses intuitive Verstehen aus den unterschiedlichsten Gründen gestört ist. Den Eltern gelingt es nicht, das augenblickliche Bedürfnis des vielleicht emotional besonders leicht irritierbaren Kindes richtig zu deuten. Deshalb können sie nicht mit dem Verhalten antworten, das den Bedürfnissen des schreienden Kindes gerecht wird. Sie reagieren unsicher. Dadurch wird wiederum das Kind zutiefst verunsichert und äußert das entsprechend. Die entnervten, übermüdeten Eltern sind immer weniger in der Lage, ihr Kind richtig zu verstehen und sinnvoll zu reagieren – ein Teufelskreis!

Solchen verzweifelten Eltern rate ich dringend, fachkundige Hilfe in einer Schrei-Ambulanz zu suchen, die oft von Kinderkliniken, Kinderärzten oder Erziehungsberatungsstellen angeboten werden. (Informieren Sie sich im Internet zum Beispiel unter ‹www.familienhandbuch.de›.)

Von den Eltern lernen

Für kleine Kinder ist es sehr wichtig, dass die Eltern in ihren emotionalen Reaktionen klar, zuverlässig und eindeutig sind. Das gibt ihnen die Sicherheit, dass in ihrer kleinen Welt alles seine Ordnung hat. Eltern erreichen das, wenn sie gleichmäßig ruhig und liebevoll-freundlich bleiben, niemals böse oder aggressiv werden.

Aber wenn das Kind laufen gelernt hat, älter und selbständiger wird, ist das nicht mehr durchzuhalten. Dann ist es unvermeidbar,

149

dass Eltern gelegentlich auch gereizt, böse, wütend reagieren auf das, was ein Kind gerade wieder anstellt. Und das Kind braucht diese Reaktionen ja auch, um sich daran zu orientieren.

Es hat dann keinen Zweck, dass Eltern freundlich dulden und dulden, sich beherrschen und beherrschen, bis der Damm dann doch bricht und das Donnerwetter viel heftiger ausfällt, als es angemessen ist. Ehrlicher und klarer ist es dann, den Ärger gleich deutlich zu zeigen, solange er sich noch in moderaten Bahnen halten lässt. Woher soll unser Kind Kompetenz in Sachen Gefühle lernen, wenn es nicht an unseren Reaktionen erfährt, welches Verhalten Ärger, Freude, Traurigkeit bewirkt? Wir sind keine Roboter, sondern lebendige Menschen. Das soll auch das Kind erfahren. Gleichzeitig lernt es an unseren Reaktionen, wie man seine Gefühle »sozial verträglich« ausdrücken kann.

Zur Klarheit und Eindeutigkeit gehört auch, dass unsere Körpersprache zu dem passt, was wir sagen.

▶ Wenn wir mit freundlichem Mund »Lass das bitte« sagen, obwohl unsere Augen bereits Blitze schleudern oder unsere Hände zittern, ist das ebenso verwirrend, wie wenn wir schimpfen, obwohl wir uns kaum das Lachen verkneifen können.
▶ Wenn wir unseren Ärger ausdrücken, hat das wenig Wirkung, solange wir dem Kind den Rücken zudrehen. Worte ohne den dazugehörenden emotionalen Ausdruck des Gesichts sind für ein kleines Kind relativ unbedeutend. Wenn wir es dabei ansehen, kann es den Ärger gleichzeitig mit den Worten an unserem Gesicht ablesen.
▶ Ironie ist im Umgang mit Kindern völlig unangemessen, weil verwirrend. »Das hast du ja wieder fein hingekriegt«, dazu aber ein böses Gesicht – ja was gilt denn nun?

Es hat auch wenig Zweck, eigene heftige Gefühle, die von anderen ausgelöst wurden, vor den Kindern verbergen zu wollen. Kinder haben ein sehr feines Gespür für »atmosphärische Störungen« und reagieren darauf mit Unruhe und Unsicherheit oder ungewöhnlichem Verhalten. Geben Sie ihnen eine altersgemäß verständliche Erklärung, wenn Sie zum Beispiel wütend oder traurig sind, weil es

Streit in der Familie gab. Damit können die Kinder besser umgehen als mit lang anhaltender, schwer greifbarer Gereiztheit.

Das hat doch gar nicht wehgetan!

Ein Kinderleben ist voller kleiner und großer Katastrophen, die heftige Gefühlsstürme auslösen. Ein kleines Kind, das sich wehgetan hat, das heftig erschrocken ist, schreit. Das ist vernünftig, denn es ruft Hilfe herbei. Das Schreien hilft aber auch bei der Bewältigung. Einen Kummer herauszuschreien ist gesünder, als ihn hinunterzuschlucken. Das gilt übrigens auch für Erwachsene. Lautes, heftiges Weinen erleichtert das Ertragen eines Kummers, ist Balsam für die wunde Seele.

Den Großen aber zerrt das kindliche Gebrüll an den Nerven. Sie möchten das Kind so schnell wie möglich wieder heiter und ausgeglichen sehen. Also versuchen sie das Schreien schnell abzustellen. Besonders bei Jungen kommt noch ein anderes Motiv hinzu. Jungen sollen nicht zimperlich sein, sollen lernen, auch mal was wegzustecken, ohne gleich aus der Fassung zu geraten. Aber das ist der Anfang einer unerfreulichen Entwicklung. Viele Männer können mit ihren Gefühlen und den Gefühlen anderer nicht umgehen. Sie neigen zu unkontrollierten Wutausbrüchen, kriegen Herzbeschwerden oder Magengeschwüre, benehmen sich angesichts emotionaler Krisen wie Elefanten im Porzellanladen. Zu weinen, zu klagen, Gefühle auszudrücken und darüber zu reden halten sie für »Weiberkram«. Nur dass es den »Weibern« damit besser geht, weil sie das von klein auf eher durften und gelernt haben. Darauf komme ich weiter unten noch einmal zurück.

Es hilft jedem Kind, wenn es sich bei Schmerz oder Schreck erst einmal gehen lassen darf, um seine Widerstandskraft zu sammeln und sich dann aus eigenem Antrieb wieder aufzurichten. Das Wichtigste, was es in dem Moment braucht, sind Schutz und Mitgefühl. Nehmen Sie ein Kind, das heftig erschrocken ist, schützend fest in den Arm, lassen Sie es brüllen, solange ihm danach zumute ist. Wenn Sie den Eindruck haben, dass das Schlimmste überstanden ist, können Sie es teilnahmsvoll fragen: »Ist es jetzt besser?« Jedes Kind antwortet irgendwann mit einem beherzten Ja. Mit diesem Verhalten teilen Sie dem Kind auch mit: »Ich traue dir zu, mit der Sache selbst fertig zu werden.« Und das macht es nicht weichlicher, sondern stärker.

Anders sieht es aus, wenn Sie ihm in bester Absicht den Schreck oder Kummer kleinzureden versuchen: »Das war doch gar nicht schlimm«, oder: »Das hat doch gar nicht wehgetan.« Woher wollen Sie das denn wissen? Sie bestimmen, was das Kind zu fühlen hat, ob sein Schmerz ein Geschrei wert ist oder nicht. Das Kind, das trotzdem noch heftig aufgewühlt ist, kommt sich schlecht vor oder muss seine eigenen Empfindungen verleugnen. Und es kann sich auch nicht an Ihrem Mitgefühl aufrichten.

Bei der Bewältigung helfen

Gegen Schmerzen hilft oft ein bisschen Magie. Ein Küsschen auf die Beule, den Schmerz wegpusten, das Übel abnehmen und wegwerfen oder ein magischer Spruch – »heile, heile Segen«. Auch das mit einigem Brimborium aufgeklebte Pflaster hat oft mehr magische als medizinische Bedeutung und darf deshalb auch ruhig da aufgeklebt werden, wo es medizinisch sinnlos ist.

Ist das nicht aber Betrug? Ich finde, nein. Was mit allen diesen Praktiken ausgedrückt wird, ist aktive Teilnahme, und das tröstet und heilt. Der Helfende zeigt, dass er weiß, was zu tun ist, er behält den Kopf oben und vermittelt, dass das Leben geregelt weitergeht. Das hilft dem, der gerade vor Hilflosigkeit zerfließt.

Gegen heftige Gefühlsstürme hilft auch alles, was beruhigt und entspannt – Weichheit und Körperwärme, leises Wiegen und Singen. Aber das braucht man zumindest den Müttern nicht beizubringen, das machen sie auf der ganzen Welt gleich.

Nun scheint es Kinder zu geben, die nach dieser Form der Tröstung geradezu süchtig werden, die mit jeder Winzigkeit ankommen, um sich ein bisschen Schmusewärme abzuholen. Bekommen sie sonst zu wenig davon? Wenn sie bei anderen Gelegenheiten häufiger in den Arm genommen, gestreichelt und liebkost werden, haben sie das nicht mehr so nötig.

Falsch verstandenes Mitgefühl ist es allerdings, ein Kind, dem Schmerzhaftes oder Ängstigendes bevorsteht, zum Beispiel ein Eingriff beim Arzt oder eine kurzfristige Trennung, anzuschwindeln, damit es sich nicht aufregt. Das erspart zwar den Beteiligten das nervenzerrende Geschrei, bevor es so weit ist, nimmt dem Kind aber auch die Chance, sich auf das Bevorstehende einzustellen und seine Kräfte zu sammeln. Das wissen Sie doch selbst: Ein Schreck, der einen unerwartet und plötzlich trifft, ist viel schlimmer als einer, auf den man sich einstellen konnte. Noch schlimmer: Das angeschwindelte Kind lernt, dass es denen, die ihm Auskunft geben, nicht vertrauen kann, dass es ständig auf der Hut sein muss. Einem Kind wahrheitsgemäß vorher zu sagen, dass es beim Arzt wieder eine Spritze bekommen oder einen anderen Eingriff erdulden muss, drückt auch die Überzeugung aus, dass es in der Lage sein wird, das auszuhalten. Sie können vorher besprechen, was ihm die Situation erleichtern würde – »Ich halte dich ganz fest im Arm und du guckst einfach nicht hin.«

Hilfreich ist immer auch eine positive Perspektive für hinterher. Dass es ihm gesundheitlich danach besser gehen wird, ist einem kleinen Kind oft nicht begreifbar zu machen. Na dann eben: »Und hinterher können wir ja noch ein Eis essen gehen.« Das machen Sie doch auch, dass Sie sich für eine unangenehme Sache, die Sie durchstehen müssen, mit einer angenehmen belohnen. Und wenn Ihr Kind dann trotz aller guten Vorsätze beim Arzt wie am Spieß zu brüllen anfängt, dann brüllt es eben, denn das hilft ihm – siehe oben.

Kinder brauchen bei heftigen Gefühlen, das gilt auch für Schmerz und Angst, für Trauer oder Wut, einen Erwachsenen, der dieses Gefühl ernst nimmt und versteht. Sonst fühlen sie sich im Stich gelassen. Geschieht das oft, zeigen sie ihre Gefühle nicht mehr, behalten sie für sich. Das mag äußerlich als Erziehungserfolg erscheinen. Die Kinder wirken vernünftiger und umgänglicher. Innerlich aber stehen sie unter starkem Stress, und keiner hilft ihnen bei der Bewältigung.

Ein Junge weint doch nicht!
Das Problem der unter Verschluss gehaltenen Gefühle betrifft Männer viel mehr als Frauen.

▶ Frauen reden von Gefühlen, viele Männer verstehen nur Bahnhof.

▶ Frauen weinen, viele Männer reagieren irritiert und gereizt.
▶ Frauen sind im Durchschnitt seelisch gesünder als Männer!

Viele Männer finden es unpassend, Gefühle zu zeigen. Ein echter Mann, so meinen sie, ist hart wie der Cowboy in der Zigaretten-Werbung. Und, bekommt ihm das?

Wer sich zu sehr daran gewöhnt Gefühle wegzudrängen, zu leugnen, zu überspielen, der kennt sie irgendwann selbst nicht mehr, findet sich in seinen Empfindungen und denen anderer nicht mehr zurecht. »Hart gegen sich und gegen andere« heißt es dann – soll das etwa ein Vorteil sein?

Viele Männer glauben nach wie vor, dass sie immer stark sein müssen. Sie haben gelernt, Schwaches gering zu schätzen. Damit verdrängen und verachten sie auch die Anteile von Verletzlichkeit, die sie in sich selbst spüren, aber nicht akzeptieren können, weil das ja angeblich unmännlich ist.

Frauen sind daran aber nicht unbeteiligt. Wenn sie auch emanzipiert sein wollen, gleiche Rechte für sich einfordern, so bevorzugen doch viele Frauen »starke« Männer, an die sie sich anlehnen können, verachten »Softies« und »Weicheier«. Dieses Verständnis von Männlichkeit ist für Frauen, aber auch für Männer von Nachteil. Deshalb sollten Eltern gezielt etwas dafür tun, ein anderes Bild von Männlichkeit zu etablieren.

Untersuchungen belegen, dass Eltern mit Jungen seltener über Gefühle reden als mit Mädchen (außer über Wut, denn die ist vorwiegend männlich!). Fördern Sie bei Ihrem Kind, insbesondere wenn es ein Junge ist, das Ausdrücken und Ausleben von Gefühlen, ganz besonders von solchen, die mit Verletzlichkeit, Schmerz, Furcht oder Scham zu tun haben, damit er sie bei sich selbst bewusst wahrnehmen kann und nicht als etwas Fremdes, Gefährliches, »Unmännliches« verdrängen muss.

Lehren Sie Ihren Sohn genauso wie Ihre Tochter, zärtlich zu sein, sich auf die Gefühle eines anderen Menschen einzustellen, ohne sich dabei unmännlich vorzukommen. Übrigens sind Väter in Elternzeit dafür ein wunderbares Vorbild. Ein Vater, der über längere Zeit und ganz eigenverantwortlich ein kleines Kind pflegt, der kann gar nicht anders, als auch den eher »mütterlichen« Part der Pflege, das Kuscheln, Schmusen, Trösten, das Eingehen auf kindliche Gefühle mit zu übernehmen.

Dass Jungen nicht weinen dürfen, ist hoffentlich passé. Sie dürfen aber ruhig auch albern, eitel, schwatzhaft, verträumt und ängstlich sein.

Über Gefühle sprechen

Mit Kindern im Kindergartenalter können Sie über Ihre und über die Gefühle Ihres Kindes sprechen, sie beschreiben und nach Erklärungen suchen. »Was hat dich so wütend gemacht?«, »Fühlst du dich jetzt wieder ruhiger?«

Kinder brauchen zunächst mal Namen für ihre Gefühle, erst dann können sie darüber reden und nachdenken, ihre eigenen Gefühle erkennen und benennen. Und es sollte oft über Gefühle gesprochen und nachgedacht werden.

Wichtig ist auch, die Aufmerksamkeit der Kinder auf emotionale Reaktionen anderer zu lenken. »Du hast ihn gekränkt, sieh dir mal sein Gesicht an!«, »Warum sagst du das, du weißt doch, dass sie darüber wütend wird.«

Manche Kinder trampeln ungeniert auf den Gefühlen ihrer Spielgefährten herum und sind entsprechend unbeliebt. Sie sind dadurch in Gefahr, zu Außenseitern zu werden. Das ist besonders für sie selbst sehr belastend und kann ihre weitere Entwicklung sehr negativ beeinflussen.

Kinder, die daran gewöhnt sind, dass über Empfindungen gesprochen werden kann, können quälende Gefühle leichter äußern und bearbeiten, können Freundschaften und später Partnerschaften bewusster gestalten. Für Jungen sind solche Gespräche noch wichtiger als für Mädchen, weil sie sonst aus vielerlei Einflüssen den Eindruck gewinnen könnten, Gefühligkeit sei Frauensache. Besonders wichtig ist es, dass Männer mit Kindern über Gefühle reden, um ihnen zu zeigen, dass das keineswegs unmännlich ist. In immer mehr Kindergärten gehört es deshalb inzwischen zum Programm, auch die emotionale Intelligenz gezielt und systematisch zu fördern – zum Beispiel durch das Projekt »Faustlos«, das aggressivem Verhalten vorbeugen soll (siehe Literaturverzeichnis).

Auch böse Gefühle sind nicht tabu

Die dreijährige Melek ist in den letzten Wochen unausstehlich. Sie benimmt sich wieder wie ein Baby, heult bei jeder Kleinigkeit, stellt ständig irgendetwas an, was Mutters Aufmerksamkeit erzwingen soll. Ihrer Mutter ist im Grunde klar, woher das kommt – Melek hat seit acht Wochen eine kleine Schwester. Deshalb versucht die Mutter, nachsichtig und freundlich zu bleiben. Als ihr Melek aber unlängst erklärte, das Baby sei doof und solle wieder verschwinden, hat sie sich doch heftig erschrocken. »Schäm dich!«, hat sie ihr zornig gesagt, » das ist doch deine Schwester, und Geschwister muss man liebhaben!« Das ist verständlich. Nur Melek mit ihrer nagenden Eifersucht, mit ihrer Angst, die Liebe der Mutter zu verlieren, hilft das überhaupt nicht. Im Gegenteil.

Sind böse Gefühle tabu, dann muss das Kind sie mit schlechtem Gewissen verdrängen, darf sie nicht einmal mehr bei sich selbst bemerken. Aber weg sind sie dadurch nicht. Das kann sich in einer solchen Konstellation dann so auswirken, dass ein älteres Kind das Kleine ständig mit Liebesbeweisen überschüttet, ihm aber »aus Versehen« immer mal wieder Schaden zufügt. Das lässt sich auch auf andere Situationen übertragen, etwa wenn ein Kind nach Trennung der Eltern einen neuen »Papi« akzeptieren soll.

Sinnvoller ist es, auch für solche »bösen« Gefühle Verständnis zu zeigen. Gefühle, die geäußert werden dürfen, kann man genauer erforschen und überlegen, was helfen könnte.

▶ Was genau ist es, was das Kind so kränkt oder verunsichert?
▶ Welche Situationen machen das besonders bewusst und wie könnte man sie entschärfen?
▶ Was würde dem Kind helfen?

Ein Kind, das im vertraulichen Gespräch auch mal sagen darf, dass es das Schwesterchen oder den neuen Papi zum Teufel wünscht, das erlebt, dass es angenommen wird, so wie es ist, dass es nicht immer nur gut sein muss, um geliebt zu werden. Und gerade diese Gewissheit hat es in Situationen heftiger Eifersucht besonders nötig. Ein Kind soll seinen eigenen Gefühlen trauen und auch zu ihnen stehen dürfen, wenn sie den Erwachsenen nicht passen. So liebt ein Kind, dessen Eltern sich trennen, fast immer weiterhin beide. Es soll sich nicht aus Rücksicht auf den einen genötigt fühlen, den anderen zu verraten.

Kinder sind auch gegen Übergriffe Erwachsener, etwa bei sexuellem Missbrauch, besser gewappnet, wenn sie daran gewöhnt sind, ihren eigenen Gefühlen trauen und sie selbstbewusst äußern zu dürfen.

Angst ist sinnvoll

Kinder haben oft Angst – Angst vor fremden Menschen, vor fremden Situationen, Räumen, Geräuschen, vor dem Alleinsein oder Verlassenwerden, Angst vor Tieren, vor Wasser, vor Dunkelheit.

Wenn Sie diese Aufzählung durchgehen, dann sind das alles Situationen, in denen einem wirklich böse Gefahren drohen können – aber abschätzen, wie groß die Wahrscheinlichkeit im speziellen Fall ist, das können jüngere Kinder noch nicht, dazu fehlt ihnen die Erfahrung, die wir Erwachsenen haben. Wenn eine Zweijährige im Warenhaus laut und angstvoll zu schreien beginnt, weil sie den Papa nicht mehr sieht, dann ist das aus ihrer Sicht sinnvoll. Denn sie spürt, dass sie ohne diese vertraute Person ganz hilflos ist. Und das laute Geschrei ermöglicht es dem Papa, sie schnell wiederzufinden. Angst ist also eine sinnvolle Reaktion in kritischen Situationen, sie schützt uns vor Gefahr und bringt uns zu schnellem, heftigem Handeln. Deshalb kann es nicht unser Ziel sein, Kinder angstfrei zu erziehen oder ihnen jede Angst abzugewöhnen.

Nur wo Angst quälend wird, wo sie ungerechtfertigt in zu vielen Situationen auftritt, von Unternehmungen abhält, die Spaß machen oder wichtige Erfahrungen bringen könnten, wird sie den Betroffenen zum Hindernis. Wer aus Angst bestimmte Situationen immer wieder meidet, der vergibt sich auch die Chance, ihre Bewältigung zu erlernen.

Ängste kommen und gehen

Oft treten Ängste in Entwicklungsphasen auf, in denen bestimmte Gefahren besonders akut sind, und verschwinden mit zunehmender Erfahrung. Mit etwa acht Monaten oder um den ersten Geburtstag herum entwickeln viele Kinder, die bis dahin recht zutraulich zu jedem waren, plötzlich heftige Angst vor Fremden. Man sagt, sie fremdeln. Sie wollen nicht mehr von Fremden oder wenig vertrauten Menschen angefasst, ja nicht mal angeguckt werden, klammern sich ängstlich an die Hosenbeine der engsten Vertrauten, wollen sie nicht weglassen. Ich weiß von genervten Müttern, die ohne ihr »Klammeräffchen« nicht mal auf die Toilette gehen konnten.

Warum entwickelt sich diese Angst gerade in diesem Alter? Mit einem Jahr kann ein Kind schon schnell und geschickt krabbeln und es lernt laufen. Das heißt, seine Fähigkeit, sich eigenmächtig von den beschützenden Personen zu entfernen, nimmt rapide zu. Damit wird aber auch die Angst akut, es könnte sie ganz verlieren oder von ihnen verlassen werden. Es schwankt deshalb in dieser Zeit zwischen Unternehmungslust – hinaus in die Welt und gucken, was es da gibt – und dem Bedürfnis, beschützt und behütet zu werden, ständig hin und her.

Außerdem hat das Kind gerade gelernt, dass die Menschen in seiner Umgebung unterschiedlich zu bewerten sind. Es geht nicht mehr selbstverständlich davon aus, dass alle Erwachsenen dazu da sind, für seinen Schutz und seine Bedürfnisbefriedigungen zu sorgen, sondern nur ganz Bestimmte, auf die es sich unbedingt verlassen kann. Bei anderen kann man nie wissen, nie ganz sicher sein. Deshalb fängt es an, da einen großen Unterschied zu machen.

Ich denke, wenn man den tieferen Sinn solcher Ängste versteht, die zeitweise recht lästig werden können, fällt es leichter, sie zu ertragen und verständig darauf zu reagieren.

Auch Zwei-, Drei-, Vierjährige haben ihre typischen Ängste. Es ist die Zeit einer grenzenlosen, oft überbordenden Phantasie und sie können zwischen ihren Vorstellungen und der Realität noch nicht klar unterscheiden:

▶ Was ist, wenn das Krokodil aus dem Bilderbuch abends unter meinem Bett sitzt?
▶ Was ist, wenn aus dem offenen Geviert des Kasperletheaters nachts der böse Räuber heraussteigt?
▶ Was ist, wenn der Mond, der so hell am Himmel steht, in mein Zimmer kommt und mich mitnehmen will?

Die Zeit, in der diese Phantasiegestalten besonders bedrohlich werden, ist die Zeit vor dem Einschlafen in der Dunkelheit des Kinderzimmers. Dann wollen sie Mama oder Papa nicht aus dem Zimmer lassen, es muss unbedingt das Licht angeschaltet bleiben oder sie erscheinen alle paar Minuten im Wohnzimmer, um zu sehen, ob alles in Ordnung ist, und noch ein bisschen Nähe zu tanken.

Draufgänger und Angsthasen

Nun gibt es allerdings Kinder, die in kritischen Situationen eher gelassen bleiben oder besonnen reagieren, und andere, die oft und schnell in kopflose Panik geraten. Mit guten oder schlechten Erfahrungen allein ist das nicht zu erklären. Wie leicht und heftig die Alarmglocke im Gefühlszentrum des Gehirns schrillt, das ist ein Stück weit angeboren. (Lesen Sie dazu auch das Kapitel »Eine Sache des Temperaments«, Seite 142.) Eltern können mit noch so viel Mühe aus einem Angsthäschen keinen Draufgänger machen. Sie können dem Kind aber helfen, mit seiner Angst so umzugehen, dass es sich ihr nicht hilflos ausgesetzt fühlt. Denn erst das macht aus dieser Eigenheit ein Problem.

Wenn Sie sich klarmachen, dass solche individuellen Eigenheiten selten nur negativ sind, sondern meistens auch positive Seiten haben, wird es Ihnen leichter fallen, auch ein Angsthäschen so zu akzeptieren, wie es ist. Es ist womöglich sehr sensibel und gefühlsbetont und lernt leichter, sich auch in die Gefühle anderer hineinzuversetzen, wenn es so angenommen und geliebt wird, wie es ist, und niemand versucht es zu verbiegen.

Ängstliche Eltern haben ängstliche Kinder

Auch wenn die Anfälligkeit für Angst ein Stück weit angeboren ist, heißt das aber noch nicht, dass Umwelt- und Erziehungseinflüsse keine Rolle spielen. Im Gegenteil. Alle ererbten Anlagen bedürfen der Auseinandersetzung mit Umwelteinflüssen, die sie anregen und verstärken, aber auch abschwächen und verändern können. So wird zum Beispiel ein Einzelkind, dessen Eltern selbst sehr zurückgezogen leben, sicher eher fremdeln als eines, das in einer großen Familie oder in einer Wohngemeinschaft lebt, für das die Anwesenheit vieler anderer Menschen, die auch fürsorglich sind, die auch mal füttern, trösten, in den Schlaf singen, von Anfang an selbstverständlich ist.

Mütter, die selbst Angst vor Feuer oder Angst vor Hunden haben, werden eher auch Kinder haben, die Angst vor Feuer oder vor Hunden haben. Denn Kinder registrieren wie Seismografen die emotionalen Schwingungen im Verhalten ihrer vertrauten Personen, auch wenn die versuchen, sich nichts anmerken zu lassen oder wortreich behaupten, man müsse keine Angst haben. Übrigens kann man hier die Anteile von Erbe und Umwelt recht gut erkennen. Vererbt wird höchstens eine allgemeine Angstbereitschaft, nie aber die Angst vor einem bestimmten Objekt. Die ist immer erlernt – durch schlechte Erfahrungen oder durch das Vorbild der Erwachsenen.

Eltern möchten helfen

Wenn Eltern ein besonders ängstliches Kind haben, dann möchten sie ihm helfen, diese Ängstlichkeit zu überwinden, damit es im Kindergarten und in der Schule nicht von den anderen, den kesseren, untergebuttert wird. Zunächst lohnt sich allerdings die Frage: Wer leidet eigentlich unter der Ängstlichkeit und Zurückhaltung des Kindes – das Kind selbst oder vorwiegend seine Eltern?

Scheue Kinder sind längst nicht so hilflos, wie ihre besorgten Eltern meinen. Sie erreichen ihre Ziele zwar nicht durch Draufgängertum, finden aber durch Charme oder durch leise Beharrlichkeit andere Wege sich durchzusetzen. Manches ängstliche Kind leidet weniger unter seiner Ängstlichkeit als unter dem Gefühl, den Eltern so, wie es nun mal ist, nicht recht zu sein. Das untergräbt das Selbstwertgefühl.

Manche Eltern, vor allem Väter, erleben die Ängstlichkeit ihres Kindes, besonders wenn es ein Junge ist, geradezu als persönliche Kränkung und reagieren wenig einfühlsam: »Stell dich nicht so an!«, »Marsch ins Wasser, oder ich schmeiße dich rein!« Solche rauen Methoden mögen gelegentlich sogar Erfolg haben – ich kenne mehrere Leute, denen man auf diese Weise das Schwimmen beigebracht hat. Aber meistens führen sie dazu, dass das Kind seine Angst nicht bewältigt, sondern hinunterwürgt. Es zeigt seine Angst nicht mehr oder verleugnet sie sogar vor sich selbst. Auch andere gut gemeinte Hauruck-Methoden erreichen eher das Gegenteil des Erwünschten. »Wie kann man vor so einem kleinen Tier Angst haben, guck, es tut doch gar nichts!« – und damit wirft Papa dem Sohn vielleicht den Regenwurm, vor dem es ihm so graut, in die festgehaltene Hand. Zu der auflodernden Angst kommen die Demütigung des Überfahrenwerdens und das Gefühl, nicht in Ordnung zu sein. Und das macht noch verzagter. Wie würden Sie sich in einer solchen Situation fühlen?

Angst ernst nehmen und bewältigen

Einem ängstlichen Kind hilft es nicht, wenn man ihm seine Ängste auszureden versucht oder es gar lächerlich macht. Es lernt daraus nur, dass seine Eltern es nicht verstehen oder nicht ernst nehmen. Dass es, wenn es ihre Zuwendung haben möchte, seine ängstlichen Gefühle lieber verschweigt und mit sich allein abmacht. Aber eine befriedigende Lösung ist das nicht. Denn es soll ja seine Gefühle erkennen und auch darüber sprechen können und lernen damit umzugehen.

Eltern befürchten, die Angst zu verstärken, wenn sie zu sehr auf sie eingehen. Aber das stimmt nicht. Man kann das Kind erklären lassen, wovor es Angst hat, und dann mit ihm zusammen nach Strategien suchen, die Angst zu bewältigen. Wenn das gelingt, hat das Kind das stolze Gefühl, sich selbst geholfen zu haben, und das stärkt.

Nehmen wir ein Beispiel: Da hockt ein Vierjähriger abends in seinem Bett und weigert sich, sich hinzulegen und sich auszustrecken. Nach dem Grund gefragt meint er schließlich: »Unter meinem Bett könnte ein Krokodil sitzen. Und wenn ich die Beine langmache, könnte es mich in die Füße beißen.« Nun kann der Vater das Licht anmachen, gemeinsam mit dem Kind unter das Bett gucken und feststellen, dass da kein Krokodil ist. Das nützt aber nicht viel, denn sobald das Licht aus ist, ist das Krokodil wieder da. Kindliche Phantasie richtet sich nun einmal nicht nach der Logik der Erwachsenen. Und deren Lösungsvorschläge wirken oft so verständnislos überlegen.

Also beraten die beiden, was zu tun sei. In der Ecke steht noch der große Karton von dem Gerät, das gestern geliefert wurde. Wenn man den nun aufgeklappt vor das Bett schöbe, dann mit einem Stock hinter dem Bett und auf dem Bett ordentlich Krach machte ...

So wird es gemacht. Das Krokodil wird im Karton gefangen, der wird schnell zugeklappt, vor die Tür getragen und das Tier wird davongejagt. Das Kind ist zufrieden. Es hat verständnisvolle Zuwendung gefunden, seine Gefühle wurden ernst genommen, es konnte selbst etwas tun. Jetzt ist es gut.

Magie, sagen Sie? Irrational? Vierjährige dürfen noch so sein. Auch wenn sie schon in einer Ecke ihres Bewusstseins wissen, dass da »in echt« etwas nicht stimmt. Vielleicht erklären sie sogar am nächsten Morgen grinsend, da sei ja gar kein Krokodil gewesen.

Schrittweise Annäherung unter entspannten Bedingungen

Wer sein Kind ermutigen möchte, muss ihm zunächst die Sicherheit vermitteln, dass es getrost so sein darf, wie es ist. Dass es in Ordnung ist, Angst zu haben, dass man ihm aber dabei helfen möchte, Angst, die lästig wird, zu verringern. Die psychologische Formel dazu heißt: schrittweise Annäherung unter entspannten Bedingungen.

Da ist zum Beispiel Max. Er ist sehr scheu und traut sich nicht, mit anderen Kindern zu spielen. Max tanzt gern zu Musik. Deshalb geht Oma mit ihm zum Kinderturnen. Max möchte so gern mitmachen. Aber er traut sich nur in Tuchfühlung mit Oma. Also dreht sie sich mit im Kreis der Kinder. Immerhin fasst Max dabei schon ein anderes Kind an der Hand. Irgendwann sind es dann zwei, und Oma läuft nur noch nebenher. Beim nächsten Mal bleibt sie gleich daneben stehen, irgendwann kann sie auf der Bank am Rand sitzen. Sieht sie mal Angst in Mäxchens Augen, macht er Anstalten, hinter ihr herzulaufen, dann kommt sie ein Stückchen näher, bis Max sich wieder wohlfühlt. So gewöhnt sich Max mit zunehmendem Vertrauen daran, auch ohne Oma mitzumachen. Er selbst bestimmt das Tempo.

Kritisch wird es nur, wenn Oma dieses warme Gefühl, dass der kleine Kerl ihr so sehr vertraut, sie so sehr braucht, im Grunde gar nicht missen möchte und zu schnell bereit ist, wieder näher zu kommen und beim alten Zustand zu bleiben. So manche Oma, so manche Mutter muss sich hier selbstkritisch prüfen.

Überwindet sich ein ängstliches Kind zu einem sonst gefürchteten Verhalten, dann ist ihm dieser Erfolg meist Bestätigung und Ansporn genug. Überschwängliche Elternfreude kann eher entmutigend wirken, weil sie das Ereignis zu sehr betont. Das Kind bekommt Angst, dass dieses Verhalten jetzt immer von ihm erwartet wird, und das setzt es wieder unter Druck.

Es gehört also Fingerspitzengefühl dazu, gerade das richtige Maß an anerkennender Freude zu äußern oder es lieber ganz zu lassen. Und es bedarf einer gewissen optimistischen Lockerheit, damit das Kind nicht die ständigen Bemühungen bemerkt, es unbedingt von seiner Ängstlichkeit befreien zu wollen.

Kinder helfen sich selbst

Die meisten Eltern versuchen ihre Kinder vor Eindrücken zu bewahren, die ihnen Angst machen könnten. Vor allem, wenn sie ohnehin schon eher zu den Ängstlichen gehören. Aber Kinder sind damit durchaus nicht immer einverstanden. Sie wollen sich gruseln!

Ein Beispiel:

Der fünfjährige Philipp ist ein ängstliches Kind. Er hat eine blühende Phantasie und er liebt Geschichten. Heute ist er mit einem Buch unterm Arm unterwegs, das er im Regal der älteren Schwester gefunden hat. Oma soll ihm daraus vorlesen, die Stelle, wo das große Bild mit dem Schiff ist. Oma kennt das Märchen nicht – es ist »Das Gespensterschiff« von Wilhelm Hauff. Sie gerät bald an Passagen, die für den sensiblen Jungen ganz und gar ungeeignet erscheinen – furchtbarer Sturm, Angst vor dem Ertrinken, schließlich gar ein Toter, der an den Mast genagelt ist. Oma entschärft beim Lesen, frisiert, wiegelt ab. Bei dem Angenagelten gibt sie es endgültig auf: »Das ist keine Geschichte für dich, lass uns was anderes suchen.«

Aber Philipp will nichts anderes, er will genau diese Geschichte! Noch ehe Oma die Mutti warnen kann, hält er der das Buch vor die Nase. Die Mutter kennt das Märchen und frisiert gleich – aber anders als Oma. Philipp wird böse – er will das hören, was da steht!

Die Mutter gibt schließlich nach und liest – ihren Sohn fest im Arm – bis zum Ende.

Die ganze folgende Woche ist Philipp geradezu süchtig. Wieder und wieder lässt er sich die Geschichte vorlesen. Irgendwann stellt er befriedigt fest: »Das ist überhaupt nicht grauslig.«

Den Umgang mit der Angst üben

Ganz offensichtlich betreibt dieses Kind so etwas wie Selbsttherapie. Philipp überwindet seine Angst, indem er sich in sicherer, entspannter Umgebung an das Ängstigende gewöhnt. Ähnlich reagiert die Vierjährige, die große Angst vor Hunden hat, wenn sie eine Zeit lang immer wieder Hund spielt – sie will unter dem Tisch gefüttert und gestreichelt werden, beißt aber auch mal plötzlich zu, knurrt oder bellt die anderen an. Sie versucht ihre Angst zu überwinden, indem sie sich in den Hund hineinversetzt.

Viele Kinder, vor allem Vier- bis Fünfjährige, suchen mit einer gewissen Lust nach solchen Gelegenheiten, den Umgang mit der eigenen Angst zu üben. Sie interessieren sich besonders für Monster, Gespenster, Vampire, erzählen selbst Gruselgeschichten oder spielen sie. Sie genießen das erregende Kribbeln der Unsicherheit bei Gelegenheiten, in denen sie ziemlich sicher sind, dass alles gut geht. Und dann sind sie stolz auf das Maß an Widerstandkraft, das sie bereits erreicht haben. Wie die Helden im Märchen haben sie sich in ein Abenteuer gewagt und die Prüfung bestanden. Das stärkt, das macht Mut zu Neuem.

Die Spiele der Kinder drehen sich oft um Angst und Angstbewältigung. Gespenst sein oder im Dunkeln spielen und dabei heulen und funkeln – wie lange kann man's aushalten, ohne davonzurennen? Wenn man so etwas selbst inszeniert, wird es weniger bedrohlich.

Ganz wichtig bei diesen kindlichen Experimenten ist die sichere Umgebung. Philipps Mutter nimmt ihren Sohn, als sie den unzensierten Horror vorliest, fest in den Arm. Dadurch spürt sie, wann der Junge sich vor Schreck besonders anspannt und kann ihn beruhigend streicheln. Und Philipp gibt die ruhige, feste, warme Hand die Sicherheit, dass ihm nichts passieren kann. So lässt sich der Horror aushalten, die Angst besiegen.

Die Vierjährige mit der Angst vor Hunden sichert sich auf andere Weise. Indem sie selbst den Hund spielt, unterwirft sie das Ängstigende Regeln, die sie selbst festsetzt. Sie bestimmt, wann der Hund lieb ist und wann er knurrt oder zubeißt.

Wie im Märchen

Wieder drängt sich eine Parallele zu Märchen auf. Im Märchen bekommt der Held oft ein Zaubermittel an die Hand, mit dem er sich aus höchster Not retten kann. Er bestimmt, wann und wie er das Mittel einsetzt. Damit ist das Böse für ihn beherrschbar. Gegen die Regeln des Zaubers ist das Böse machtlos.

Klassische Märchen haben ein gutes Ende – »... und wenn sie nicht gestorben sind, so leben sie noch heute.« In Hauffs Märchen vom Gespensterschiff finden die Untoten, auf die Erde gelegt, endlich ihre Ruhe.

Auch die Ausflüge von Kindern in die Angst-Lust müssen ein gutes, ein vorhersehbares, ein die Spannung wieder lösendes Ende versprechen. Nach dem Gespensterspiel wird das Licht wieder angemacht und aufgeräumt. Das Gespenst ist wieder Tinchen von nebenan. Der Alltag mit seinen beruhigend festen Regeln hat die kleinen Abenteurer wieder.

Ein gutes Ende

Ein gutes Ende sollte möglichst ein selbstbestimmtes Ende sein. Eine vorgelesene Geschichte, einen Film im Fernsehen kann man selbst beenden oder verlassen, wenn es einem zu viel wird. Die angstvolle Spannung erträgt sich leichter, wenn man weiß, dass man jederzeit weggehen könnte.

Riskanter sind Situationen, deren Ende man nicht selbst bestimmen kann. Als ich vielleicht sechs war, nahm mich meine Mutter auf dem Rummelplatz mit in die Achterbahn. Sie erzählte mir später, wie sehr sie bei den steilen Abstürzen immer wieder der Ausdruck blanken Entsetzens in meinem Gesicht belastet habe, wie sehr sie bedauerte, mich mitgenommen zu haben. Aber ein Anhalten war ja nicht möglich. Ich habe mich seitdem nie wieder in eine Achterbahn gesetzt!

Zum selbständigen Entscheiden gehört aber auch, dass Erwachsene ein Kind für seinen Mut, seine Entschlossenheit loben, wenn es einer unerträglichen Gruselei ein Ende setzt. Es ist wichtig, dass es dies nicht als Kneifen, als Versagen erlebt.

Wenn die Kinder älter werden, erfinden sie oft in Gruppen zweifelhafte Mutproben und verlachen den, der sie nicht besteht. Da ist, wer selbstbewusst aussteigen kann, besser geschützt.

Wenn Sie unsicher sind, ob Ihrem Kind eine bestimmte ängstigende Situation zumutbar, ob sie vielleicht sogar hilfreich ist, können Sie das an folgenden Fragen klären:

▶ Begibt es sich freiwillig in die ängstigende Situation?
▶ Ist es emotional gut abgesichert?
▶ Nimmt die Geschichte einen guten Ausgang?
▶ Kann das Kind die Regeln und das Ende selbst beeinflussen?
▶ Bestimmt nur das Kind und kein anderer, wie viel es aushalten muss?
▶ Haben Sie es ermutigt wegzugehen, wenn es ihm zu viel wird?

Wenn das alles zutrifft, lassen Sie Ihr Kind sich ruhig gruseln, so viel es mag.

Angst macht dumm

Auf einem Gebiet ist Angst besonders hinderlich, und die Erwachsenen müssten sich besonders große Mühe geben, hier eine möglichst angstarme, ruhige und sichere Atmosphäre zu schaffen: Angst behindert das logische Denken.

Die Natur hat das eigentlich ganz weise eingerichtet: Das Gefühl der Angst entsteht, wenn eine Gefahr auftaucht. Vor Abertausenden von Jahren, als unsere Urahnen jagend durch die Landschaft streiften und von wilden Tieren angegriffen wurden, war das in der Regel eine Gefahr für Leib und Leben. In einer solchen Situation sorgt das menschliche Gehirn dafür, dass der Körper durch Hormone blitzschnell so aktiviert wird, dass der Mensch aus dem Stand entweder wegrennen oder angreifen kann. Hier kann es das Leben kosten, erst erwägend nachzudenken. Deshalb blockieren diese Hormone gleichzeitig die Weiterleitung von Impulsen im Gehirn und damit das Nachdenken.

Das Denken funktioniert am besten in einer entspannten, freundlichen Atmosphäre, in der man sich seinen Gedanken ohne jede Angst vor möglichen Gefahren hingeben kann.

Nun versetzt unsere Kinder heute nicht mehr der Säbelzahntiger in freier Wildbahn in Angst, sondern vielleicht der Mathelehrer, der plötzlich eine Antwort verlangt, oder der Deutsch-Test, den man auf keinen Fall wieder vergeigen darf. Auch sind Angreifen oder Wegrennen als Bewältigung in dieser Situation nicht angesagt. Das Einzige, was helfen würde, wäre schnelles und präzises Denken. Aber das Denken ist ja eben blockiert!

Leider ändern sich unsere biologischen Ausstattungen wesentlich langsamer als die kulturellen Bedingungen, mit denen wir zurechtkommen müssen. Und so reagieren unsere Kinder aus Angst vor schlechten Zensuren in der Schule sehr oft mit einer Blockade des Denkens.

Die Schlussfolgerung müsste sein, dass man diese Angstmacher aus dem Schulleben verbannt und den Zensurenstress abschafft. Aber das ist ein weites Feld und sprengt das Thema, das hier behandelt wird. Ich wollte es aber wenigstens kurz erwähnt haben.

Dagegen helfen keine Pillen

Immer mehr Kinder klagen über häufige Kopf- oder Bauchschmerzen, vor allem im Zusammenhang mit der Schule. Eltern suchen dann oft Hilfe bei Medikamenten. Eine Kopfschmerztablette – was ist das schon? Oder das rezeptfreie, also doch wohl harmlose Mittel gegen Schulangst und Konzentrationsstörungen.

Aber das ist der falsche Weg.

So manche spätere Abhängigkeit beginnt mit der in der Kindheit erworbenen Überzeugung, dass man den Unwägbarkeiten seines Seelenlebens am besten mit Chemie begegnet. Jugendliche greifen dann zu Drogen, um ihr Seelenleben ins Lot zu bringen.

▶ Cola und Kaffee als Muntermacher.

▶ Nikotin, Alkohol zum Mutmachen oder Betäuben.

▶ Haschisch zur Flucht in eine rosigere Welt.

▶ Ecstasy zum Durchhalten heißer Nächte …

Gegen jedes störende Gefühl eine Droge. Dabei bleibt die Gewissheit auf der Strecke, mit den eigenen Gefühlen, und seien sie noch so heftig, auch ohne solche Krücken zurechtzukommen, auf der Strecke bleiben Autonomie und der Glaube an die eigene Stärke. Erfolgversprechender und weniger gefährlich als der Griff zur Pille ist es, nach den Ursachen der beunruhigenden Symptome zu suchen und die krank machende Umgebung der Kinder zu verändern. Denn Kopf- und Bauchschmerzen stehen oft symptomatisch für ungute Gefühle – für Versagensängste oder das Gefühl, von belastenden und widerstreitenden Gedanken zerrissen zu werden.

Wir alle, auch unsere Kinder, sind heute immer größeren nervlichen Belastungen ausgesetzt. Immer häufiger und schneller müssen wir uns von einer Situation auf eine ganz andere umstellen oder – denken Sie nur ans das ständige Telefonieren per Handy – mit den Gedanken und Gefühlen an mehreren Stellen gleichzeitig sein. Und die Kinder reagieren darauf am empfindlichsten. Viele kommen schon mit einem hohen Pegel an Erregtheit in den Kindergarten oder in die Schule und der zusätzliche Stress wird dann für manches Kind unerträglich. Deshalb gehören dort Übungen, die das Zur-Ruhe-Kommen, das In-sich-Hineinhorchen, das ruhige Beobachten und Zuhören fördern sollen, schon vielfach zum Programm.

Lassen sich nicht auch zu Hause Ruhe und Entspannung fördern, Zeitdruck, Leistungsdruck und ständige Verplanung reduzieren?

Wenn Ihr Kind in der Schule Angst vor Arbeiten und Prüfungen hat, ist es viel wichtiger, der Frage nachzugehen, wer und was ihm so viel Druck macht, was man tun könnte, um das zu ändern. Hier ist ruhiges Zuhören gefordert. Was bewegt das Kind? Was geht in ihm vor? Es soll erleben, dass seine Gefühle richtig und wichtig sind und dass wir ihm helfen wollen, die Ursachen krank machender Gefühle zu beseitigen. Das ist besser als jede Pille.

Wut muss man lenken lernen

Wut gehört ebenso wie Angst zu den elementar lebenswichtigen Gefühlen. Wenn wir wütend werden, stellt unser Körper alles für einen schnellen, heftigen Angriff zur Verfügung – Schluss mit

Nachdenken, Verstehen oder Einfühlen, alle Energie in die Muskeln und nix wie drauf, möglichst bevor der Gegner das Gleiche tut. So jedenfalls funktionierte das bei unseren entwicklungsgeschichtlichen Vorfahren, manchmal wohl auch noch bei uns.

Wenn wir in einem Wutanfall irgendetwas in Angriff genommen haben, wundern wir uns hinterher manchmal über das Maß an Energie, das wir dabei aufgebracht haben. Oft genug schämen oder ärgern wir uns auch über den sinnlosen Schaden, den wir bei dieser kopflosen Aktion vielleicht angerichtet haben.

Zum Glück haben wir Menschen aber auch eine Kontrollstelle in unserem Gehirn, die sich einschalten kann, um die Wut in vertretbare Bahnen zu lenken. Durch Erfahrung und Übung, durch Nachdenken und Abwägen lernen wir sie so zu »programmieren«, dass sie die vorwärtstreibende Kraft einer gesunden Wut zwar zulässt, ihr aber klare und nicht zu übertretende Grenzen setzt.

Der Bereich in unserem Gehirn, der die Wut auslöst, das limbische System, ist entwicklungsgeschichtlich schon sehr alt, es funktioniert auch bei unseren Kindern von Geburt an. Die Kontrollinstanz dagegen, der präfrontale Cortex, ist der entwicklungsgeschichtlich jüngste Teil unseres Gehirns und braucht viele Jahre, bis er – durch ständige Auseinandersetzung mit der Umwelt – ganz ausgereift ist. Deshalb können schon kleine Kinder sehr wütend werden, sind dann aber nicht in der Lage, diesen Wutausbruch zu steuern.

Das Kind hat einen »Bock«

Diese Wutanfälle häufen sich besonders in einem Alter zwischen einem und drei Jahren. Diese Zeit nennt man deshalb auch »Trotzalter«. Versuchen wir zunächst einmal zu verstehen, warum kleine Kinder gerade in diesem Alter so leicht Wutanfälle bekommen:

▶ Sie sind nicht mehr so klein, dass sie einen Wunsch oder eine Absicht sofort wieder vergessen, wenn man sie für einen Moment ablenkt. Sie wissen, was sie wollen!

▶ Sie merken, dass sie mit ihren Wünschen oft auf den Widerstand der Erwachsenen stoßen. Aber sie sind zu klein, um zu begreifen, warum ihnen die Großen immer wieder Dinge verwehren wollen, die nun eben mal Spaß machen!

▶ Sie merken, wie hilflos sie selbst und wie mächtig die Erwachsenen sind. Die Großen können Fächer und Türen einfach zumachen, interessante Dinge unerreichbar hoch legen, mit allem locker umgehen, was Kleinen unüberwindliche Schwierigkeiten macht.

▶ Die Großen sind viel stärker – sie können einem Kleinen einfach wegnehmen, was der festhalten will, ja sie können ihn selbst einfach aufheben und wegtragen, mag er strampeln und brüllen so viel er will.

Könnten kleine Kinder schon besser sprechen, würden sie sich erklären können, sich beklagen oder auch schimpfen. So aber können sie nur nein sagen, stampfen und brüllen!

Wenn so ein Sturm erst einmal losgebrochen ist, kann man nur ruhig abwarten, bis er abebbt. In einem richtigen Trotzanfall ist das Kind nicht mehr Herr seiner selbst. Es ist auch gutem Zureden nicht zugänglich. Aus Einsicht oder Rücksicht aufhören, kann es noch nicht. Am schnellsten beruhigt es sich wieder, wenn man es in Ruhe lässt, ohne es durch Schimpfen oder Drohungen zusätzlich aufzuregen. Klingt der Trotzanfall dann ab, sind viele Kinder besonders anhänglich und zärtlichkeitsbedürftig. Sie haben wohl das Gefühl, das liebevolle Einvernehmen mit Mutter oder Vater könnte einen Riss bekommen haben, möchten sich versichern, dass alles wieder gut ist. Bitte nutzen Sie das nicht aus, um dem Kind Versprechen fürs nächste Mal abzunehmen, die es doch nicht einhalten kann. Nehmen Sie es in den Arm – einfach so!

Betriebsunfälle vermeiden

So einen kindlichen »Bock« sollte man ansehen wie einen Betriebsunfall. Durch Umsicht und Einfühlung kann man viele Trotzanfälle vermeiden. Allerdings nicht alle. Es ist ein Stück weit auch Temperamentssache, wie heftig ein Kind auf Versagungen reagiert. Und Eltern können nicht alle Versagungen vermeiden.

Wenn Sie aber erst einmal Erfahrung damit haben, woran sich bei Ihrem Kind solche Trotzanfälle besonders leicht entzünden, können Sie viele dieser Situationen mit etwas Phantasie entschärfen. Wenn Sie einem kleinen Kind etwas wegnehmen, ihm eine Unternehmung versagen müssen, können Sie das schroff und schimpfend tun, sie können es aber auch mit einem kurzen Spiel in eine andere Richtung lenken, ihm Ersatz anbieten. So ersparen Sie ihm das Gefühl der Ohnmacht und Hilflosigkeit. Mit einem Kind, das schon gut sprechen kann, können Sie auch verhandeln, vielleicht einen Kompromiss finden, bevor der Sturm richtig losbricht. Wichtig ist, dass Sie versuchen, sich in das Kind hineinzuversetzen, sich fragen: Wie würde ich reagieren, wenn man mit mir so umginge?

Ruhig bleiben und durch!

Nicht immer haben wir freilich die Geduld und die Gelassenheit, in dieser Weise auf ein Kind einzugehen. Oder es geht aus sachlichen Gründen einfach nicht.

Dann müssen wir da eben durch, möglichst ohne uns selbst aufzuregen oder wütend zu werden. Vielleicht hilft es, wenn wir uns klarmachen: Es ist das Recht des Kindes, gegen eine Maßnahme von uns Protest anzumelden. Wie soll es ein selbständig denkender und urteilender Mensch werden, wenn es immer dem Stärkeren gehorchen muss? Dafür, dass sein Protest so archaische Formen annimmt, kann es nichts.

Freilich ist es auch unser Recht, auf Entscheidungen, die wir getroffen haben, zu bestehen, wenn wir das nach redlicher Prüfung des kindlichen Standpunkts für notwendig halten. Das ist nicht immer einfach, besonders, wenn sich die Auseinandersetzung in der Öffentlichkeit abspielt. Da ist die Versuchung groß, schnell nachzugeben, damit Ruhe ist. Aber wenn ein Kind oft die Erfahrung macht, dass Eltern bei Gebrüll nachgeben, dann lernt es recht schnell, diese Waffe auch gezielt einzusetzen und wird sie so lange wie möglich beibehalten. Kann Ihr Kind, sobald Sie nachgeben, schlagartig mit dem Brüllen aufhören, wissen Sie, dass es diesen Schluss bereits gezogen hat.

Ich wünsche Ihnen die Selbstsicherheit, in diesen Situationen das Vernünftigste, nämlich nichts, zu tun, freundlich, aber fest bei Ihrer Entscheidung zu bleiben und zu warten, dass das Kind mit dem Brüllen aufhört. Kinder haben keinen Knopf zum Abschalten, und mancher Lärm ist eben unvermeidlich, auch wenn das manche Kunden in der Bank oder im Supermarkt anders sehen sollten.

Ich bitte aber auch alle, die Mütter oder Väter in einer solchen Situation beobachten, ihnen durch einen verständnisvollen Blick, ein freundliches Wort dabei zu helfen, die Ruhe zu bewahren.

Ohne Trotz kein eigener Wille?

Manche Kinder trotzen sehr heftig und häufig und manche fast gar nicht. Wenn ein Kind eher ruhig und »schwer entflammbar« ist, zudem vielleicht sehr früh sprechen kann, wenn es Eltern hat, die mit besonderem Geschick kritische Konfrontationen vermeiden, kann es sein, dass dieses Kind fast nie einen richtigen Trotzanfall hat. Und es kann trotzdem ein selbstbewusster, durchsetzungsfähiger Mensch werden.

Wird ein Kind dagegen für Trotz und Widerstand bestraft, dann lernt es früh, dass es keinen Zweck hat, seine Absichten gegen den Widerstand Mächtigerer durchsetzen zu wollen. Es lernt: Wenn man etwas tun soll, was man nicht will oder nicht versteht, soll man sich lieber fügen und den Mund halten. Das mag für die Eltern bequem sein. Für das herangewachsene Kind ist es problematisch. Ein Mensch mit dieser Haltung lässt sich leicht ausbeuten oder wird ein guter Untertan mit allen bösen Konsequenzen.

Liegt das bei Jungs in den Genen?

Es gibt aber auch Kinder, die über das Trotzalter hinaus besonders leicht in Wut geraten, schreien, toben, auf andere losschlagen. In der großen Mehrheit sind es Jungen, die so reagieren, viel seltener Mädchen. Das bedeutet aber noch nicht, dass das in den Genen so angelegt ist.

Es ist zwar richtig, dass Jungen auf der ganzen Welt wütender und aggressiver reagieren als Mädchen, dass erwachsene Männer viel häufiger gewalttätig werden als Frauen. Allerdings liegen diese Eigenschaften nicht in den Genen, verantwortlich ist viel mehr das männliche Hormon Testosteron, dem schon männliche Babys im

Mutterleib stärker ausgesetzt sind, weil ihre eigenen Keimdrüsen nach wenigen Wochen beginnen, Testosteron zu produzieren. Das erklärt allerdings nicht alles, denn erfahrungsgemäß können auch Männer lernen, ihre aggressiven Impulse zu kontrollieren. Zum Beispiel ist das Maß an Aggressivität, das von Männern erwartet, bei Männern toleriert wird, in unterschiedlichen Kulturen sehr unterschiedlich. Solche kulturellen Normen ändern sich auch im Laufe der Zeit. Außerdem zeigen Erziehungs- und Therapieprogramme, wie weit auch einzelne Jungen oder Männer in der Lage sind, ihr Verhalten zu ändern. Auf solche Erziehungsprogramme werde ich später noch eingehen.

Eine körperliche Veranlagung ist nie die einzige Ursache für ein bestimmtes Verhalten. Jede Anlage braucht auch die Erfahrung, das Lernen, wodurch das Verhalten ausgeformt wird.

Draufhauen ist wirksam

Kinder lernen aber nicht nur an Modellen, sie lernen auch durch Erfolg. Hat eine Methode Erfolg, stärkt das die Neigung, sie wieder und wieder anzuwenden. Zunächst einmal wird jedes kleine Kind versuchen, einen entstehenden Konflikt durch wütendes Zerren oder Draufhauen zu lösen. Und das ist leider meistens erfolgreich. Es ist sehr verführerisch mit Beißen, Kneifen, Reißen an den Haaren Mittel entdeckt zu haben, um jederzeit eigene Wünsche gegenüber anderen durchsetzen zu können.

Streitigkeiten unter Kindern werden in der Regel sehr lautstark, heftig und handgreiflich ausgetragen. Das ist nun mal das schnellste und effektivste Mittel sich durchzusetzen. Das müssen sie nicht erst lernen, da sind sie Naturtalente.

Nahezu jedes Kind kann, zumindest vorübergehend, sein Heil in solchen Methoden suchen, auch ohne dass sich in seiner persönlichen Geschichte Gründe für besondere Aggressivität finden lassen. Es sind keineswegs schlimme Ausnahmekinder, die auf diese Methoden verfallen, keine, die man aus einer Gruppe möglichst schnell entfernen muss, um den friedlichen Rest vor ihnen zu schützen.

Aufgabe der Erziehenden wird es in diesen Fällen sein, die Erfolge solcher Methoden in Zukunft möglichst zu verhindern, dem betroffenen Kind aber Erfolgserlebnisse mit anderen, kooperativeren Methoden zu ermöglichen.

Erst in der Pubertät ist das Steuerungszentrum im Gehirn voll ausgereift. Erst dann gilt der junge Mensch als verantwortlich für das, was er tut oder getan hat.

Wann entsteht Wut?

Wut entsteht, wenn ein Mensch sich angegriffen, in seinen Bedürfnissen böswillig eingegrenzt fühlt, wenn er glaubt, sich dagegen verteidigen zu müssen. Wut signalisiert auch unseren Mitmenschen, dass sie uns in irgendeiner Weise zu nahe getreten sind, dass es so nicht weitergehen darf.

Nun gibt es Kinder, die sich in Gruppen mit anderen, also vorwiegend in Kindergarten und Schule, unentwegt angegriffen fühlen, auch da, wo Erziehende, die den Konflikt beobachten, überhaupt keinen Grund dafür erkennen können. Diese Kinder geraten leicht in einen verhängnisvollen Teufelskreis. Weil sie so schnell wütend werden, werden sie von den anderen Kindern mehr und mehr gemieden. Weil sie gemieden werden, fühlen sie sich benachteiligt und werden immer leichter wütend und aggressiv. Irgendwann werden sie als Sündenbock und als schwarzes Schaf abgestempelt. Weil sie aber durch Wutausbrüche wenigstens Aufmerksamkeit erfahren, wenn auch negative, richten sie sich schließlich in der Rolle des Schlägers ein, nehmen es als sozialen Erfolg, dass die anderen wenigstens Angst vor ihnen haben.

Langzeitanalysen haben ergeben, dass viele Jugendliche, die durch Gewaltdelikte auffielen, schon in Kindergarten und Schule Verhaltensweisen gezeigt hatten, die auf fehlende soziale Kompetenzen hinwiesen. Die Kinder waren zum Beispiel nicht in der Lage, das Verhalten anderer so zu deuten, wie es gemeint war. Sie fühlten sich dadurch unsicher und missdeuteten oft neutrale Annäherungsversuche als Angriffe. Darauf reagierten sie mit Gegenangriff, wodurch die Spielpartner sich vor den Kopf gestoßen fühlten. Solche Reaktionsketten zogen sich durch die ganze Schulzeit und verfestigten sich immer mehr. Typisch dafür ist die hilflose Antwort so eines aggressiven Kindes auf die Frage nach der Ursache für seinen letzten Angriff: »Der hat mich so blöde angeguckt.«

Mitfühlen lernen

Wenn wir solche Entwicklungen von der Wurzel an vermeiden wollen, ist es wichtig, die sozialen Fähigkeiten schon kleiner Kinder bewusst zu fördern. Zum Beispiel die Fähigkeit, sich in andere hineinzufühlen. In der Fachsprache heißt das Empathie. Sie entwickelt sich schon beim Kleinkind, wenn es sich angenommen und verstanden fühlt. Schon viele Zweijährige zeigen Mitleid mit anderen Kindern. Sie versuchen, weinende Kinder zu trösten oder ihnen etwas zu schenken.

Wir können diese Fähigkeit unterstützen, indem wir oft auf die Befindlichkeiten anderer hinweisen und selbst mitfühlendes Verhalten vormachen. Etwas länger dauert es, bis Kinder auch begreifen können, dass es ihr eigenes Verhalten ist, das Trauer, Angst, Wut oder auch Freude in anderen auslöst. Ein zweijähriges Kind versteht noch nicht, dass ein Kontrahent, dem es die Buddelschippe auf den Kopf haut, dadurch Trauer und Schmerz empfindet und dass es selbst der Verursacher dieser Gefühle ist. Dazu muss es schon mindestens drei sein.

Danach aber kann man in solchen Fällen die Aufmerksamkeit des Kindes gezielt auf die Folgen seines Verhaltens richten:

► »Du hast ihr das Eimerchen weggenommen, sieh mal, wie traurig sie jetzt aussieht, sie weint sogar.« Und nach der Rückgabe: »Siehst du, jetzt ist sie wieder froh.«
► Oder auch: »Wenn du weiter so schubst, werden die anderen Kinder dich nicht mehr mitspielen lassen, sieh mal, sie gucken schon ganz böse.«

Mit solchen Hinweisen kann man die Fähigkeiten eines Kindes stärken, das Ausdrucksverhalten anderer richtig zu deuten und entsprechend zu reagieren.

Die Empathiefähigkeit kann man auch stärken, wenn man beim Erzählen von Geschichten über die Motive der handelnden Personen spricht, die Kinder anregt, selbst darüber nachzudenken: »Was meinst du, warum macht die das jetzt?«, »Warum ist die Greta denn so traurig?«

Erst recht das Theaterspielen, das Spiel mit Puppen und Kasper-

lefiguren regt Kinder an, sich in andere Personen hineinzuversetzen, sie sozusagen von innen heraus zu verstehen.

Auch ohne Anregung lieben Kindergartenkinder diese Spiele
sehr. Aber es ist an den Erwachsenen, ihnen das nötige Material
zur Verfügung zu stellen – alte Kleider, Gardinen, Hüte, Taschen
und Tücher zum Verkleiden, Puppen und Tierfiguren, Kasperle-
puppen, Fingerpüppchen.

Ein Mensch, der mit seinen eigenen Gefühlen im Reinen ist,
sich mit ihnen auskennt, gut mit ihnen umgehen kann, der hat es
auch leichter, die Gefühle anderer richtig zu deuten und sinnvoll
auf sie zu reagieren.

Nicht hauen, reden!

Wo Menschen eng miteinander leben, sich arrangieren, anpassen
oder durchsetzen müssen, entstehen immer auch Konflikte, die oft
mit heftiger Wut verbunden sind. Diese Wut kann und soll man
nicht immer unterdrücken. Man muss allerdings lernen, sie so zu
äußern, dass sie möglichst keinen Schaden anrichtet. Aber das
braucht Zeit!

Wenn Kinder lernen, wie man Konflikte mit den anderen lösen
kann, dann geraten sie seltener in hilflose Wut oder es gelingt ihnen
leichter, mit anderen Methoden als dem wütenden Draufhauen zu
reagieren. Ich erinnere mich an einen Dreijährigen in einer Kinder-
gartengruppe, der die verhängnisvolle Angewohnheit hatte, im
Konfliktfall andere Kinder zu beißen. Die empörten Mütter fanden
dann beim Abholen die Bissspuren am Körper ihrer Kinder und
verlangten die Entfernung des Wüterichs aus der Gruppe. Die Erzieherinnen setzten eine Praktikantin ein, um genau zu beobachten,
in welchen Situationen der Junge zu beißen versuchte. Sie fand heraus, dass er vor allem dann biss, wenn er sich benachteiligt fühlte,
sich aber mit Worten nicht artikulieren konnte, denn im Sprechen
war er noch recht langsam und schwerfällig. Die Erzieherinnen
nahmen sich vor, den Jungen mehr zum Sprechen zu ermutigen,
ihm mit mehr Geduld und Anerkennung zuzuhören und zu antworten. Die älteren Kinder der altersgemischten Gruppe erhielten
den Auftrag, immer wenn sie den kleinen Daniel in einer brisanten
Situation sahen, schnell zu rufen: »Dani, nicht beißen, reden!«

Der Erfolg war verblüffend. Daniel fand Beachtung, fühlte sich nicht mehr so hilflos. Man gab ihm Zeit, sich zu artikulieren, man ging auf sein Problem ein. Die neue Methode war erfolgreich, das Beißen konnte er lassen. An diesem Beispiel wird deutlich, wie auch das Verhalten der Gruppe viel dazu beiträgt, ein aggressives Kind zu unterstützen, statt es auszugrenzen.

Erst mal tief Luft holen

Generell können Kinder etwa ab drei Jahren lernen, in Konfliktfällen, beim Aufkommen von Wut erst einen Moment innezuhalten, bevor sie einem wütenden Impuls folgen. Auch Erwachsenen gibt man ja den Tipp: »Erst mal tief Luft holen.« In Kindergärten kann man das ritualisieren, indem die Erzieherinnen oder die anderen Kinder »Stopp!« rufen, ein Stoppschild oder eine rote Karte hochhalten. Kinder im Schulalter können dann auch bestimmte Abläufe lernen, deren einzelne Punkte sie im Konfliktfall nacheinander angehen sollen:

- ▶ Erst mal innehalten, sich selbst beruhigen, dann –
- ▶ Erkennen des Problems.
- ▶ Sammeln von Lösungsmöglichkeiten.
- ▶ Prüfen der Möglichkeiten auf ihre Tauglichkeit.
- ▶ Entscheiden.
- ▶ Ausprobieren.

An immer mehr Schulen werden ältere Schulkinder, unter anderem mit solchen Methoden, mit viel Erfolg zu »Konfliktlotsen« ausgebildet, die ihren Mitschülern bei Auseinandersetzungen helfen sollen. Es wurden auch Programme zur Stärkung sozialer Kompetenzen bei Kindern entwickelt, die die weiter oben geschilderten, verhängnisvollen Entwicklungen verhindern sollen. Einem solchen Programm, zum Beispiel dem Programm »Faustlos« – ein erklärendes Buch dazu finden Sie im Literaturverzeichnis – werden Sie vielleicht im Kindergarten oder in der Grundschule Ihres Kindes begegnen. Es lohnt sich aber auch, die einzelnen Bausteine etwas genauer zu betrachten, weil man zu Hause vieles tun kann, um die Intention solcher Programme zu unterstützen.

Nicht unter den Teppich kehren

Wenn ich jetzt so viel darüber geschrieben habe, wie man Konflikte möglichst ohne wütendes Dreinschlagen lösen kann, dann soll das nicht heißen, dass jeder Wutanfall möglichst vermieden werden sollte. Das geht gar nicht. Und Wut hat ja auch die soziale Bedeutung, dass sie den Mitmenschen anzeigt: »Bis hierher und nicht weiter!«

Deshalb ist es sinnvoll, in der Erziehung zweigleisig zu fahren. Man sollte den Kindern immer wieder Wege zeigen, wie man Konflikte ohne Wut und Draufhauen lösen kann, und damit die Anzahl der wütenden Auseinandersetzungen reduzieren. Dennoch sollte man Wut und Wutausbrüche noch für einige Jahre als unvermeidbar hinnehmen, sie als Übungs- und Trainingssituationen im Umgang mit Wut nutzen.

Trotz all unserer Bemühungen wird die Fähigkeit zu friedlicher Koexistenz erst langsam wachsen. Umso notwendiger ist es, dass Kinder frühzeitig darin trainiert werden, selbst in heftiger Wut bestimmte Grenzen einzuhalten, die wir immer wieder einfordern müssen:

▶ Nie zu mehreren auf einen.
▶ Nie schlagen mit harten Gegenständen in den Händen.
▶ Nie treten mit Schuhen an den Füßen.
▶ Wenn einer sich nicht mehr wehren kann oder weint, muss Schluss sein.

Manchen Eltern mag es nicht gefallen, dass man durch solche Regeln das Hauen innerhalb der Grenzen erlaubt. Aber Kinder, die das handgreifliche Streiten nicht in dieser Weise üben dürfen, die durch moralische Appelle immer wieder vom Äußern ihrer Wut abgehalten werden, verlieren oft, wenn die Wut sie doch einmal übermannt, völlig die Selbstkontrolle, können dann keinerlei Grenzen mehr einhalten.

Was darf man, wenn man wütend ist?

Erfahrungsgemäß schäumt die Wut zu Hause viel leichter über als in Kindergarten und Schule. So manche Mutter ist richtig neidisch, wenn sie die Erzieherin darüber reden hört, wie gut alle Kinder inzwischen gelernt haben, Konflikte gewaltfrei zu lösen. Das muss nicht heißen, dass Mütter weniger erziehungstüchtig sind. Auch wir Erwachsenen halten uns doch in anderen Gruppen, etwa im Beruf, emotional viel mehr zurück als in der Familie. Wir alle brauchen einen Ort, wo wir uns fallen lassen können, uns weniger kontrollieren müssen. Zu Hause nehmen wir Kränkungen auch viel leichter übel, weil wir davon ausgehen, geliebt und verstanden zu werden. Wir nehmen hier sozusagen die Schutzkleidung, das »dicke Fell«, ab und sind dann umso leichter zu verletzen. Und so geht es eben auch den Kindern.

Wie aber darf man seine Wut zum Ausdruck bringen, wenn man nicht auf den anderen losgehen soll? Das wird in Familien sehr unterschiedlich gesehen und gehandhabt.

▶ Darf man mit den Türen knallen? In meiner Familie war das ein beliebtes Ventil – und es hat ziemlich oft geknallt!
▶ Darf man Gegenstände durchs Zimmer werfen? Bestimmt nicht jedermanns Sache, sofern sie hart oder zerbrechlich sind. Aber besser durchs Zimmer als jemandem an den Kopf.
▶ Wie deftig darf man schimpfen? Schimpfen erleichtert. Schimpfwörter verletzen nicht so wie harte Gegenstände. Darf man »A…loch!« sagen? Tun Sie das nie?
Freilich gibt es auch Schimpfwörter, die sehr verletzen, wenn sie nämlich gezielt auf eine Schwäche des anderen gerichtet sind. Seinen Bruder als »Mistkerl« oder »feige Sau« zu bezeichnen, mag hingehen, ihn »Stotterheini« zu nennen, wenn er mit dem Sprechen Probleme hat, zielt unter die Gürtellinie!
▶ Darf ein Kind seine Mutter im Zorn »blöde Ziege« nennen? Die Ansichten darüber werden verschieden sein.
Wer das aber nicht hören möchte, muss auch »Faulpelz«, »Feigling«, »Lügner« aus seinem eigenen Sprachgebrauch streichen. Achtung vor dem anderen darf keine Einbahnstraße sein.

Es ist auch eine Frage des Temperaments, wie schnell einer – oder eine – überschäumt, wie leicht es ihm oder ihr fällt, Wut in sozial verträgliche Bahnen zu lenken. Dabei spielt, wie ich schon erklärt habe, auch Ererbtes oder kulturell Tradiertes eine Rolle, und Kinder lernen den Umgangston von ihren Eltern. Deshalb wird auch jede Familie die Grenzen für das, was noch erlaubt sein soll, anders setzen wollen. Ein rauerer Umgangston ist nicht unbedingt ein Zeichen für weniger Zusammenhalt und liebevolle Gefühle, ebenso wenig ist bei einem moderaten Ton das Gegenteil der Fall. Das muss man miteinander aushandeln.

Und die Wut der Eltern?
Einen Aspekt haben wir bis jetzt wenig beachtet – das ist die Wut der Erwachsenen auf ihre Kinder. Denn niemand möge behaupten oder von sich verlangen, dass er im Umgang mit seinen Kindern immer ruhig und wohltemperiert bleibt. Das ist auch nicht schlimm, denn Kinder dürfen ruhig an den Reaktionen ihrer Eltern merken, welche sozialen Folgen das Verhalten hat, das sie soeben an den Tag legen.

Aber selbstverständlich müssen auch Eltern Grenzen einhalten, die sie selbst in Rage nicht übertreten dürfen. Es liegt auf jeden Fall jenseits des Vertretbaren, wenn sie:

▶ Ein kleines Kind anschreien, so dass es Angst kriegt.
▶ Ein Kind mit Ausdrücken belegen, die es kränken oder herabsetzen.
▶ Einem Kind Strafen androhen, die seine Abhängigkeit von uns ausnutzen, um ihm Angst zu machen, zum Beispiel: »… dann gehe ich weg« oder »… dann habe ich dich nicht mehr lieb.«
▶ Ein Kind schlagen, ihm Gewalt antun, in welcher Form auch immer.

Wenn Sie wieder einmal das Gefühl haben, dass Ihre Wut Sie gleich übermannt – gehen Sie auf die Toilette, riegeln Sie hinter sich ab, lassen Sie sich nieder und denken Sie erst mal einen Moment in Ruhe nach!

Und wenn Sie sich hin und wieder etwas ausgiebigere und attraktivere Auszeiten leisten können als diese, wird es Ihnen auch in anderen Situationen eher gelingen, gelassen zu bleiben und den Humor nicht zu verlieren. Das wünsche ich Ihnen jedenfalls.

180

Literatur

Bauer, Joachim: Das Gedächtnis des Körpers. Piper Verlag 2009.

Bestle-Körfer, Regina; Stollenwerk, Annemarie: Sehen, hören, schmecken ... Mit Kindern alle Sinne entdecken, Herder Verlag 2005.

Cierpka, Manfred: Faustlos – Wie Kinder Konflikte gewaltfrei lösen lernen, Herder Verlag 2005.

Goleman, Daniel: Emotionale Intelligenz. Carl Hanser Verlag 1996.

Kelek, Necla: Die fremde Braut. Goldmann Verlag 2006.

Largo, Remo H.: Babyjahre. Die frühkindliche Entwicklung aus biologischer Sicht, Piper Verlag 2002.

Largo, Remo H.: Kinderjahre. Die Individualität des Kindes als erzieherische Herausforderung, Piper Verlag 1999.

Leboyer, Frédérick: Sanfte Hände. Kösel Verlag 1979.

Rübel, Doris: Wir entdecken unseren Körper. Ravensburger Reihe Wieso, weshalb, warum 1998.

Thor-Wiedemann, Sabine; Rieger, Birgit: Wachsen und erwachsen werden. Das Aufklärungsbuch für Kinder, Ravensburger Buchverlag 2004.

Wais, Mathias: Sexueller Mißbrauch. Schriftenreihe Gesundheitspflege 1999.

Zentner, Marcel R.: Die Wiederentdeckung des Temperaments. Fischer Verlag 1998.

Wut im Bauch

Dieter Krowatschek
Wut
Wie Sie mit Aggressionen Ihres
Kindes umgehen

Format 14 x 21,5 cm
160 Seiten
Paperback
ISBN 978-3-491-40153-2

Sie prügeln und toben, sie mobben Mitschüler oder quälen Tiere –
aggressive, dissoziale Kinder. Mit ihren Wutausbrüchen und
auffälligen Verhaltensweisen lösen sie bei Eltern, Erzieherinnen
und Lehrern Ohnmacht und Ratlosigkeit aus.
Der Schulpsychologe Dieter Krowatschek führt anhand von
Fallbeispielen zahlreiche Formen aggressiven Verhaltens auf und
präsentiert mit seinem »Marburger Verhaltenstraining« gut prakti-
zierbare Maßnahmen für den Umgang mit besonders schwierigen
Kindern.

www.patmos.de

Immer auf Empfang

Catherine Crawford
Ich fühle was, was du nicht fühlst
Hochsensible Kinder verstehen
Übersetzt von Maria Buchwald

Format 14 x 21,5 cm
245 Seiten
Klappenbroschur
ISBN 978-3-491-40162-4

Sensibel und einfühlsam – so möchten wir alle sein. Doch hochsensibel auf die Welt zu kommen, bedeutet mehr: Kinder mit dieser Gabe nehmen die Gefühle ihrer Mitmenschen empathisch wahr und besitzen eine verblüffende Intuition. Sie werden von Sinneseindrücken überschwemmt, sind daher besonders stressanfällig und entwickeln schnell Ängste. Die Psychotherapeutin Catherine Crawford empfiehlt zehn konkrete Strategien, wie Eltern die seelische Stärke ihrer zart besaiteten Kinder fördern können.

PATMOS

www.patmos.de